歩きながら問う

研究空間〈スユ＋ノモ〉の実践

고미숙
고병권
이진경

연구공간
수유+너머

金友子 編訳

インパクト出版会

序 文

金友子《きむうぢゃ》

さて、何から話そうか。

友人の何人かが日本にやってきた。自己紹介をしている。

「私は○○と申します。韓国ではスユ研究室で活動していました。研究室は民間の団体ですが、共同体として生活をおくっています。セミナーをしたり、食事を作ったり、さまざまな活動をするところで、研究共同体であり、生活共同体でもあります」。

「研究室」で「活動」？　食事を作ったり？　しかも共同体??

大抵の人は、きょとんとした顔をする。

研究＝生活共同体。どういうものがイメージされるだろうか。それは、単に一緒に研究し、ともに食事をする集団を意味するのではない。研究／勉強の強度と密度の高さという点で、いわゆる教養講座や生涯学習とは異なる。また、生活を共にするという点で、大学の研究室とも異なる。多様な関心を持ちつつ集まるけれども、それが終わればそれぞれ散っていく研究会とも違う。また、あくまで研究し知を生産する場だという点で、いわゆるヒッピー的な共同体とも違うだろう。ただ、既存の何かと違う、ということは大して意味をもたない。制度圏の外側にある研究所という点が強調され、制度へのオルタナティヴであると注目されることもあるが、その点もまた重要ではない。それは、赤信号、みんなで渡れば怖くないといった無鉄砲さでもなく、一人でできないこともみんなで集まれば可能になるという非常に原初的な部分を含みつつ、より積極的には「集合的頭脳」の形成を目指す、そんな実践につけられた名前である。いや、実践というよりは実験に近いかもしれない。

知を追い求めようとする人が、どのようなやり方で学び、教え、知識の生産に携わるのかという方法と、生産される知識との乖離を限りなく埋めようとする実験。その一つの場が、研究空間〈スユ＋ノモ〉である。

水踰里研究室＋研究空間〈ノモ〉＝研究空間〈スユ＋ノモ〉

研究空間〈スユ＋ノモ〉。ここは研究共同体であり、生活共同体だ。現在、正会員数六〇人と無数のセミナー会員によって構成される大所帯である。といっても、はじめからこんなに多くの人が出入りしていたわけではない。もともとは韓国文学を研究する数人による小さな勉強部屋での研究会から始まり、さまざまな試みを通じて人がどんどんと増えていった結果である。

　今をさかのぼること約一〇年、ソウルの中心部から北東に少し離れた場所――水踰里《すゆり》――に高美淑《こみすく》という韓国古典文学研究者が勉強部屋を開いた。博士学位は取得したものの就職口はない。研究を続けることと、就職のための無駄ともいえる努力。学びの場が大学じゃなくてもいいじゃないか、と勉強部屋を開いたという。主なテーマを朝鮮近代の啓蒙期とし、韓国の近代性の起源を探究する韓国国文学者数人で始めた研究会。人が人を呼び、研究会の種類も増え、分野を超えて人々が集うようになった。こうして〈水踰研究室〉が誕生する。

研究室廊下

　「近代」の時空間という接点で、〈ソウル社会科学研究所〉を拠点としていた社会科学者たちが合流し、現代思想の公開講座を開くようになった。韓国の資本主義的発展と近代化等を主なテーマとしていたこの研究所にいた数人が、独立して「研究空間〈ノモ〉」を作ろうと構想していた。ちなみに〈ノモ〉（너머）とは、「彼方」とか「越える（trans）」といった意味である（だから英語の名称はResearch Machine〈Suyu+Trans〉という）。水踰研究室

と研究空間〈ノモ〉が出会い、接続し、現在の研究空間〈スユ＋ノモ〉が誕生した。以下、会員たちの慣わしにしたがって、単に「研究室」と呼ぶ。

空間

研究室は何度かの引っ越しを経て、二〇〇六年一二月から、眼下にソウルの街が広がる南山《なむさん》の中腹に位置する六階建ての学校のような建物（実際、インターナショナルスクールが階下を占める）の四階部分を賃貸している。面積にして約四〇〇坪、大小合わせて一〇部屋ほどになろうか。九七年に水踰里にできたときが約二〇坪、大学路《てはんの》を経て二〇〇五年に鍾路《ちょんの》（苑南洞《うぉんなんどん》）に引っ越したときには三階建てのビルを貸しきって一六〇坪、二〇〇六年九月に龍山《よんさん》に引っ越して三〇〇坪になり、大

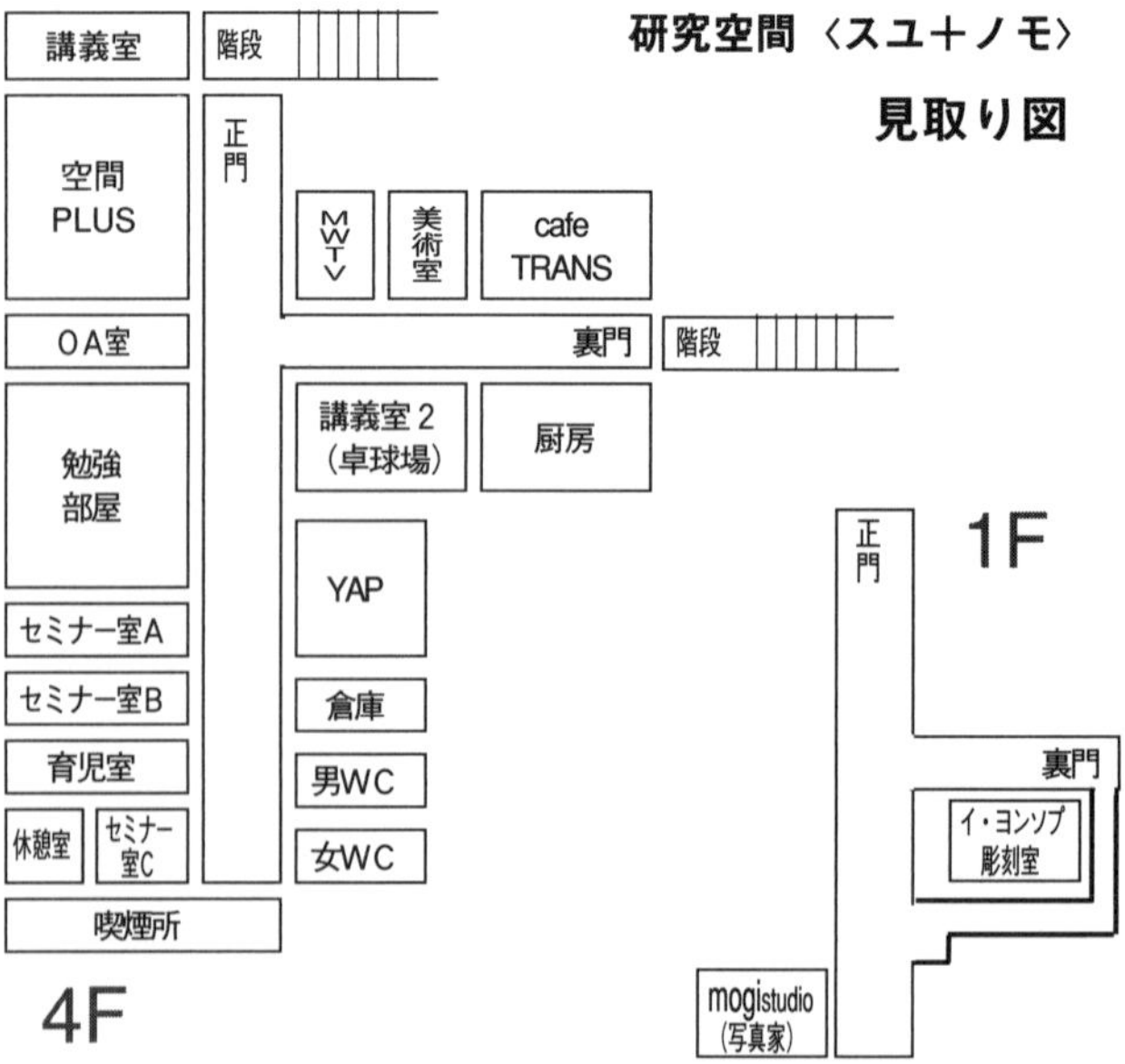

研究空間〈スユ＋ノモ〉見取り図

家の都合で同年一二月に再引っ越して隣の建物に移り現在の場所になった。人の出入りが多くなるたびに、それに合わせてより大きなハコを求めて引っ越しを重ねてきたので、まるでヤドカリのようでもある。

入り口（見取り図の裏門）から入ると、まず右側にカフェがあり、その向かいに厨房と卓球場がある。厨房は当番制で、昼食・夕食を作る。大体の人数を予想し、ご飯を炊き、汁物とおかずを作る。食事の時間がせまると周囲においしそうな匂いが漂ってくる。一食一八〇〇ウォンで、自分の食べたい分（食べられる分）だけ食べる。食べ残し厳禁。食べた後の食器は、パン等できれいに磨き食べてから自分で洗う。ちなみに、肉類は使用しないので、ベジタリアンでも安心して食事ができる。横の卓球

カフェの棚

場は、厨房に入りきらないほど人が多いときには食堂に、それ以外は食後や好きな時間に卓球ができる。引っ越し前は場所の余裕がなかったため、大人数の講義をするときには、厨房は講義室へと変貌し、卓球台は食卓から机、そして本来の卓球台の三役を果たしていた。現在は十分な空間があるため、研究会の場所がない場合に厨房や卓球場を使ったり、あるいは勉強したい人がそこで作業をしていたりする。

カフェ。休憩の場であり、人々の交流の場だ。エスプレッソマシーンで、ひきたて・入れたてのおいしいコーヒーが飲めるし、その他さまざまな飲料と軽食が用意されている。来客の際にカフェで応対したり、セミナー後の打ち上げが行われたりもする。夜はソウルの夜景を楽しむこともできる。カフェも厨房も基本的にセルフサービス。わからなければ誰かに聞く。人に労働を押し付けない。それさえ守れば、売り物を除いて、おいてあるものは誰が食べても構わない。壁の本棚には一杯の漫画と販売用の本、そして何百枚ものCDとLPが詰まっている。

カフェの隣には美術室、その隣は移住労働者の放送局ＭＷＴＶ（Migrant Workers TV http://www.mwtv.or.kr/）。事務所の場所を探していたところ、ちょうど部屋に余裕があるということで、間貸ししているのだそうだ。彼ら・彼女らとの共同生活によって、厨房には今まで見たことのないスパイスが増えた（彼らにも厨房の当番が回る）。

突き当たりはT字路のようになっている。ちょうど突き当たりのドアを入ると、ＯA室があり、パソコンとプリンター、コピー機が置いてある。一枚五〇ウォンでプリントアウトできる。奥に入れば勉強部屋。三〇近い机が置いてある。大体の人がノートパソコンを持ち込んで黙々と勉強している。勉強部屋には自分の専用の机があるわけではない。空いているどの席で勉強してもかまわない。十年通おうが、三日目だろうが、空いているところを使う。使ったあとは片付ける。沈黙を守ることと机を個人所有しないことがここでの約束だ。研究室で「私的所有」なるものは「無駄」の代名詞のようでもある。使いもしないのに占有することの無駄。

勉強部屋から出てさらに進むと、同じ側に十数人が入るセミナー室が二つ、その隣には育児室、映像室がある。向かい側にトイレが位置し、ここにもう一つの入り口（裏口）があり、屋外の喫煙スペースに出る。

育児室はこの場所に引っ越してきて初めてつくられた。二、三年前から、研究室カップルもいれば、どちらか一方だけの場合もあるが、子どもが生まれ始めた。研究者が子どもを生むと、それでなくても女性の負担になって大変だ。研究室の育児室は、当番で誰かが常駐するというものではないが、最近増えつつある研究室の子どもたちが寝たり遊んだり、その横では子の親たる会員あるいはその時面倒を見ることになった人が本を読んだり、勉強したりしている。子ども用の小さな遊具もおいてある。青少年学校があるときには、それに参加する子どもたちでごっ

た返すときもある。

先ほどのT字路を右に曲がれば、そこには講堂（図の空間プラス）がある。大人数での集まり、講座やヨガに使われる。「空間プラス」による青少年人文学校もここで行われる。空間プラスとは、鍾路《ちょんの》にいた二〇〇四年、研究室の隣の隣のビルの一部屋を借りてつくられた空間で、当初は五つの「院」――講学院（理論・古典・翻訳をハードに学ぶ）、語学院（日・英・中）、青少年人文学院（十代対象プログラム。大人も参加可）、ヨガ院（身体と精神の鍛錬）、映像院（映画等作成）――を中心に多彩な活動を行っていた。現在は青少年対象の人文学校が主軸となり、月曜学校、木曜学校というように、週に一～二回のペースで中高生を対象に『論語』などの古典を大声で読み上げ続ける講座や、ロシア文学を読んだりする講座が開かれている。学校をドロップアウトし

たり、フリースクールに通っていたり、土曜には学校に通っている学生が来ている。空間プラスは一年ほど前に法人化された。

階下には、インターナショナルスクールが入居しているほか、研究室と関わりの深い彫刻家と写真家の作業部屋がある。研究室ではこの二人を講師にしての彫刻セミナー、写真セミナーも開かれている。

寝るときを除いて会員たちはほとんどの時間をこの空間でともに食べ、遊び、勉強して過ごす。

研究室から歩いて三分くらいのところに、研究室のメンバーたちが寝泊りする「南山斉」がある。二階建て屋上つきのこぎれいな住宅で、一階に男性、二階に女性が住む。一ヶ月の家賃が一〇万ウォンという格安の共同生活の場だ。ただし、ここに住むのは研究室の全員ではなく、家が遠い人や希望者のみの数名である。住人でなくても研究室で遅くまで過ごした人が泊まったり、外国からの客人が泊まるゲストハウスとしても使われている。

〈スユ＋ノモ〉という運動

研究室といえば、だいたい同じ関心を持った人々が集まり、勉強している姿を想像しがちだが、ここはそういった想像からはかけ離れている。

ただの研究所ではないことは、空間の配置からもわかるだろう。集う人も多様だ。専攻も各様各色、年齢も六〇代から二〇代まで。最近は〇歳児から中高生も出入りする。文学と社会学の専攻者が多いが、もともとはドイツ文学をやっていたとか、もともとは仏文学をやっていて今は仏教だとか、映画を作っているとか、化学科やコンピューター専攻だったとか、銀行員だったとか、大学には行かなかったとか、漫画作家だとか、そういう雑多な人が集まり、ハードに勉強する。

やり方はいろいろある。「セミナー」と呼ばれる小グループの研究会。現在三〇を越えるセミナーがある。仏教、詩や小説の創作、日本の雑誌を読む会、植民地期教科書講読からドゥルーズ、フーコーといった現代思想まで多種多様。例えば木曜日を見てみる。午前一〇時からは「中国哲学史」が美術室で、「精神分析革命」がカフェで、一〇時半からはヨガが空間PULSで。午後になると一二時半から「ジェンダーと歴史」、三時に「三千里」、午後七時からは「大衆知性」（セミナーとは別だが）、同じく七時から「世界宗教思想史」、「韓国語教室」（移住労働者向けの語学講座）、七時半から「映画セミナー」。こういった具合だ。セミナーは誰でも参加可能。参加者のやりたい事にしたがって、いくらでも分裂増殖していく。「講座」はその名のとおり、講義形式で行われる公開事業である。季節ごとに七つから八つくらいの講座が開かれる。外から有名な人を呼ぶときもあるが、基本的にはメンバーが自前でやる。セミナーの成果や自身の「専攻」に磨きをかけ、表現していく。レベルは決して低くない。新たな知に触れる契機であり、「外部」との接続の場としての機能も果たす。ある講座が人気を博したからといって、二度と同じ講座はやらない。マンネリ化と固定化された知への安住を防ぐための鉄則だ。

講学院は、会員のための集中プログラム、といったところだろうか。古典学校、理論学校、文章作成学校に分かれており、それぞれの課題にしたがってキツい勉強メニューをこなす。かつて「ケポイフィリア」という名で四〇数人（当時）の会員が全員、同じテーマの下で勉強する週一回の大研究会が開かれていた。マルクスを読み、「東アジア」をめぐる思想を読み、中南米文学を読んでいた。集合的身体・集合的頭脳形成のための鍛錬の場である。

また最近は「大衆知性」プロジェクトが行われている。ほぼ一年間に渡って、哲学をはじめとして文学、東洋の古典の読み込み、文章の執筆などを行う。参加者は約三〇人、職場通いの人が多いという。「金曜人文講座」では哲学、芸術、仏教、文学、映画など毎回テーマを変えて七週間の間、週一回の講義がある。二〇人から五〇人ほどが参加している。

青少年学校は現在、月曜と木曜の週二回で講師は研究室の会員たち。ヨガをして『論語』を朗読し、世界の文学を読み、生物学を学ぶ。フリースクールに通う十代の若者が十数人、勉強しに来ているという。

火曜日には隔週で会議と研究発表会が行われる。「火《ふぁ》曜日に共《こん》同で騒《そ》乱を巻き起こす」会議（通称「火共騒＝火工所」）では、研究所の会計および今後のお金の使途、日々の生活・活動の反省点、改善策が「コミューン」の倫理に照らし合わされながら、騒乱を巻き起こさんばかりに——いや、実際かなりの騒乱だ——話し合われる。間食の当番がいて、会議中にみんなで食べるものを用意する慣わしになっている。研究発表会は「火曜討論会（火討《ふぁと》）」と呼ばれており、参加は自由。会員が個人の研究テーマを発表する時間だ。外部から発表者が来ることもある。

火曜討論会

こうして人と人が出会い、知識と知識が出会い、横断し、接続されていく。接続の連続は、知的側面にとどまらない。知が自らの生き方とかけ離れたところに、あるいは本の中に、机の上にのみあるのではなく、生の方式とその変革にあるのなら、それを吸収しあるいは生産するという営みは、必然的に己の生のありようにまで及ぶ。ここが研究共同体でありながら生活共同体であるのは、このためだ。理論と実践との乖離という、古くて新しい問いの突破口は、ともに勉強し、ともにご飯を食べるところから始まる。

資本主義が全世界を覆い、人々の生は孤立し、何をするにもお金がかかる。資本の蓄積運動に乗らずにみんなが豊かに幸せに暮らせる方法は可能か。答えは「イエス、可能である」。ここでは、コミューン的な生活方式が実践されている。ここでいうコミューン的とは、生産様式のひとつとしてのいわゆる「共産主義」ではなく、贈り物（munis）を通じてひとつに結合（com）される関係としての「コミューン（commune）」を「コミューン主義」として再概念化したものだ。資本主義的交換の規則から脱して「贈与の規則」によって活動と財貨を分けあう生活。ここでは、それぞれに異なる多様な個体たちが「コミューン」というひとつの集合的身体として構成される。集合的身体、集合的頭脳。互いに学びあい、教えあう。

その意味で、一方で朝鮮近代の啓蒙思想、韓国の近代性を「文学」から探求する流れと、他方で資本主義近代を問う流れとの、二つの方向からの近代性への問いからはじまったこの空間は、アカデミックな議論における問いにとどまらず、自らがどっぷりとはまっている近代的な生の方式そのものを問い、変えていこうとする場だ。つまり、知の生産と自らの生き方が分離していることを当然視するような知のありようを問い、問いを実践していく研究共同体《リサーチマシーン》である。

境界を超え、接続せよ！

常にさまざまな実験と試行錯誤の過程にあり、それ自体が絶え間なく変化する〈スユ＋ノモ〉。人と人とを分断する既存の境界を乗り越え、あらゆるものの接続と、接続による変異という運動は、自らの足場を問い、変えていくことによって、この資本主義社会に穴をあけ、「外部」を作りだす運動でもある。それは、来ることのない夢の共同体を「結局は無理なハナシ」と言ってあきらめるのではなく、今、ここから始めることのできる実践であるということを見せてくれる。「ブルジョア知識人のお気楽な運動」と批判されることもあるらしいが、ここに集まっている人は、お金があるわけでもなく、お気楽なだけの毎日を送っているわけでもない。もしそうみえるのだとしたら、それは、既存のやり方ではない方式で、豊かな生を送ることができるということを実践した結果にすぎない。

セミナー、講座、厨房、カフェ、音楽や映画の鑑賞会、彫刻教室、ヨガ、登山……多岐に渡る活動と同時に、現在は「大衆知性」と「東アジアにおける知的ネットワークの構築」が重要課題としてあげられている。知を大衆の手に！　そしてあちこちに、研究室のような共同体が生み出されること、それが研究室の夢である（らしい）。新たな出会いに向けて、研究室には日本語、中国語、英語が飛び交っている。

運営

活動は以上に述べたような感じだ。運営ついて少し説明しておくと、研究室には一応、「代表」がいる。現在は高秉 權《こびょんぐおん》氏が「代表」ということになっているが、特に何かの権限があるというわけではない。外から来る人が必ず「代表は……？」というので、とりあえずの地位としてあるのみだ。あとは、具体的な役割として「マネージャー」と言われる統括者がいる。会計、研究会、講座、厨房、カフェのそれぞれにマネージャーがいて、中心になって企画を立てたり、収支管理（会費の集金や、売り上げの管理）、当番の管理をする。それぞれがそれぞれの場で中心になるので、ある人が中心になれば、周りの構図も変わる。

最も気になると思われるのが研究室の運営資金および研究室の人々の生計手段だろうと思う。研究室の運営資金は会費である。「会員」が払う一般会費は三万ウォン以上好きなだけ、セミナー会費は、セミナーに参加する人が払うもので、参加しているセミナーの数に関わらず月一万五千ウォン。そのほかに特別会費というものがあり、会員・非会員に関わらず何かいいことや臨時収入があった時に、出したい人が出す。禁煙に成功したといって出す人や、印税や原稿料が入ったといって出す人など、さまざまだ。あとはカフェと厨房の収入、講座があれば講座の収入などで、支出のほうは家賃と光熱費、その他諸経費。詳しくは本書「コミューンとお金の倫理」を見ていただきたいが、だいたいトントンになる。

研究室の人々の生計は、私も非常に気になった。毎日ここで勉強しながら、この人たちはどうやって生計を立てているんだろう、と。答えは、当然ながら人それぞれだ。院生の場合は家庭教師や塾講師などのアルバイトをしていたり、博士課程修了者は非常勤講師が多かったように思う。研究所で働いていたり、ポスト・ドクターの研究支援を受けている人もいた（これもそんなに多くない）。執筆の不定期収入がある人もいるが、ごく少数といっていい。大学で常勤職を得ている人も、ごくごく少ないながら存在する。研究室の中で稼ぐ人もいる。講座で講師をすればいくらかになり、マネージャーにも少ないながら月の手当てがある。コピー機やプリンターの管理をする人はそこから「奨学金」を得ることもできるし、一杯二〇〇ウォン（二〇円くらい）のコーヒー自販機の管理者は、その収入を「奨学金」としてもらえる。

ちなみに、研究室を軸に生活していた私の生活費は、よほどの贅沢をしなければ一ヶ月に三〜四万円で足りていた。たいしたバイトもしていなかったが、実際、ここでの生活は本当にお金がかからない。

研究室の一〇年の試みは、まさに実験の過程に過ぎない。しかも、「今までにないやり方で失敗すること」を楽しみ、そこに可能性を見出しながら。ここに収められた文章は、その歩みの始まりの地点から現在までが――「始まり」にやや重点が置かれているが――著者たちのそれぞれ異なる視点から書かれている。その内容を簡単に紹介しておく。

第一章の「はじめに」（高美淑）は、そもそも『Welcome to the Machine』（二〇〇五）という非売品の本に書かれた序文である。研究室に韓国語圏以外から多くの「客」が来るようになった。毎回誰かが案内するのだが、研究室を紹介できるような本を作ってプレゼントしよう、ということで作られたのが『Welcome to the Machine』で、本書に収録された三つの文章（「ノマディスムと知識人共同体のヴィジョン」「マルクス主義とコミューン主義」「鍾路時代の提案──組織から運動へ」）を日本語、中国語、英語の三つの言語に訳して一冊にまとめたものだ。二〇〇五年に作成されたので「消え去ったもの」「到来したもの」もまた変わっている。

高美淑氏の「「友情の教育」と「遊牧的知識」のために」は『月刊新千年 Emerge』（二〇〇〇年一〇月号）に掲載された文章である。研究室のホームページに原文がアップされており、誰でも読むことができる。研究室に関わろうとする人が、研究室について知るために読むにはちょうどよいと勧められる。研究室の創成期に書かれたものであるため、ある種の熱気がみなぎっており、当時の雰囲気がよく伝わってくる。高美淑氏は、人文学の危機を叫ぶ大学教育の問題の中心に「知の喜び」の消失を指摘し、実際には人文学そのものが危機を迎えているのではなく、人文学が問題をかかえているという方向に問いを転換した。

「鍾路時代の提案──組織から運動へ」は、研究室が大学路から鍾路に引っ越したときのパーティーで発表された文章。研究室が大きくなるに連れ、内向きの組織に成り下がりつつあるのではとの警鐘をならし、組織のための「運動」ではなく、運動のための組織になるべきだと問題提起をした。筆者は現在、研究室の「代表」をつとめる高秉權氏である。ちなみに高秉權氏自身は、代表は性に合わないし、そもそも誰かを「代表」することなど不可能、ということで、研究室では「高酋長《コチュジャン》」と呼ばれている。もちろん、あの辛い味噌と発音が同じである。

同じく高秉權氏による「われわれの言葉はわれわれの武器か?」は、木曜日に行われていた（現在は火曜日）全会員が集まる会議で発表された。何のための勉強、なんのための研究なのかを鋭く問いかける問題提起を受け、会員たちには重苦しい緊張が走っていた。

第二章の「ノマディスムと知識人共同体のヴィジョン」は、筆者である高美淑氏の著書であり研究室について書かれた『誰も企画しない自由――〈スユ＋ノモ〉についての人類学的考察』（ヒューマニスト、二〇〇四年）を短くまとめたもの。韓国の仏教学会の学会誌『伽山学報』（一一号、二〇〇三年）に掲載された。研究室の生成から未来までを語る。どのようにできて、何をしているところなのか、手早く知りたい人はこの節から読むといいかもしれない。

「お金なしで生きる工夫」（高秉權）は、『高酋長、本で世界を語る』（グリンビー、二〇〇七年）の「エピローグ」としてかかれたものだ。研究室の人々がどのように生計を立てているのかという素朴な疑問に答えつつ、非常に現実的な〈生〉――生活、生き方、生き様――を豊かにする研究室の存在を語っている。

もう一つ、これもお金にまつわる話になるが、実際、研究室を訪れる人が必ずや疑問に思うのが研究室の運営資金である。「コミューンと「お金の倫理」」（高美淑）は、その問いに答えるべく、本書のために書き下ろしてくれたものだ。貨幣——お金の使い道——にたいする観念を問い、「私的所有の神聖さ」を瓦解させる実験として研究室を位置づけ、「コミューンの経済学」を説く。

それまで、いわゆる「運動」とは一線を画しつつ知の追求を主たる活動内容とし、それそのものを運動としていた研究室が路上に出てからの文章を集めたのが第三章である。路上に出るきっかけとなったのが韓米ＦＴＡ（自由貿易協定）締結問題。いわゆる「運動」や「政治」とは距離を置きつつ、研究そのものを「運動」あるいは「政治」として展開してこようとしていた研究室が、「もうだまってられない」と反対闘争を展開し始めた。「帝国の時代か、帝国の黄昏か——韓米ＦＴＡをめぐる情勢について」（李珍景＋高秉權）は、韓米FTAをめぐるさまざまな逆説を指摘し、政府が喧伝する「戦略的」選択を「理念的」選択であると喝破する。結局、韓米FTAは締結されてしまったが、皮肉に満ちた情勢分析は非常に興味深い。

「危機に陥った生命、その権利を問う」（高秉權）は、韓米FTA反対闘争の最初の一歩として、まさに「路上」に出て歩き始めることを宣言した文章。その四〇〇キロの道のりについては、今政肇氏による「歩きながら問う——研究空間〈スユ＋ノモ〉と삶（生活・生命）」に詳しい。

「周辺化と少数化」（高秉權）は、ＩＭＦ経済危機から一〇年、今なお新自由主義的再編のただ中にある韓国社会のなかで、社会の価値尺度から排除され「周辺化」されていた存在が、今やその尺度から逃走し闘争する主体として生起しつつあることを予言する。元来、旺盛な出版活動で知られる研究室だが、本と雑誌の中間的なもの（ブックジン）として『R』という雑誌を新たに企画・出版しはじめた。この文章は二〇〇七年四月に発刊された『R』一号（特集：少数性の政治学）に掲載されており、同誌には他にも米軍基地移転先として知られる平澤・大秋里での運動をコミューンの観点から論じたものや、大秋里の人々の生活から所有の概念を問い直すもの、性的少数者をめぐる問題について論じたものなど、主に会員たちの手になる論文が掲載されている。

第四章は、『インパクション』一五三号の特集「研究機械」に収録されたものを採録した。研究室の思想的リーダーとも目される李珍景氏の「マルクス主義とコミューン主義」は、二〇〇五年に北京で開催された学術会議で発表されたものである。社会主義崩壊以降、どのように革命とマルクス主義を思考するのかを自問してきた著者が「コミューン主義」に行き着く道程を記している。高美淑の無所有の思想とはまた別の側面からコミューン主義を概念化している。

「前衛組織ではなく」は、李珍景氏が京都に来た折に行ったインタビューの記録である。その解説は冨山一郎氏の「研究アクティヴィズムのために」に譲りたいが、八〇年代の日韓連帯運動の渦中にいた冨山・崎山両氏と、連帯の宛て先の只中にいた李珍景氏の対面には、和やかな雰囲気の中にも妙な緊張感があったのが印象的だった。

最後になるが、私と研究室との出会いを話しておこう。

二〇〇四年から二年間、韓国に留学した。ソウルでの生活が始まってまもなく、日本にいる友人からメールをもらった。「今度、韓国で研究報告するからヒマだったら来てみたら?」と。行ってみると、ちょうどソウルのど真ん中、鍾路通りを少し入って宗廟の裏に三階建ての建物がある。二階がガラス張りになっていて、いわゆる「研究所」とはかなり違った雰囲気をかもしている。一階から入り、二階に上がる。談笑する人々でごった返すそこは、カフェだった。その日のイベントはおそらく、百人くらいが来ていたのではなかろうか。時間になったので階下の会場に行く。「東アジアの知識人ネットワーク」を形成するためのシンポジウムで、日本から何人かのスピーカーが来ていたのはそのためだった。ずらりとならぶパイプ椅子と面と向かって発表者たちが並ぶ。そのバックにはガスレンジと流し台が陣取っている。皿、フライパンが大量においてあり、そこが台所であることがわかる。ここは一体何なんだ……と、まったく状況がつかめないまま、シンポジウムが始まった。それはまさに饗宴で、非常な熱気だった(内容はあまり覚えていない)。

その後の打ち上げ。また二階のカフェに上がる。たまたま隣に座ったのが、イ・ヒギョン先生だった。つたない韓国語で簡単に自己紹介をすると、「だったらセミナーに来ない?」と誘ってくれた。かのじょは日本近現代史とジェンダー、とりわけ植民地と女子教育についていて研究しており、ちょうど近代日本とジェンダーというセミナーをやっていた。そのセミナーは関連する日本語文献を全訳しながら読んでいくというものだった。私は韓国語の勉強のために、かのじょらは日本語勉強のために、利害が一致して(?)私はセミナーに参加することになった。

しかしどことなく居心地が悪い。韓国語がまだまだ流暢ではないことが大きな要因だったと思うが、深い交流を避けていた。セミナーが終わればだいたいすぐに帰宅し、居てもカフェにばかりいた。勉強部屋の敷居は、空いていれば使ってよいとは言われていたものの、私にとって低いものではなかった。そうこうしているうちに、他のセミナーにも出てみるようになった。「日本の雑誌を読むセミナー」、酒井直樹の『過去の声』を読むセミナー、そして夏休みの日本語集中講座の講師。結局週に四日ほどは研究室に通っていたと思うが、それでもまだ私は「客」のままでいた。研究室では週に二回、月曜日と木曜日の決められた時間にみんなで掃除をするのだが、おもむろに始まるその掃除を横目に、私は身を堅くしていた。その後、さすがに掃除はするようになったし、友人の勧めでカフェの当番をするようにもなった。「やってみたら?」といわれ、穴埋め的に食事当番をすることにもなった。しかし、おそらく一年くらいそんな感じで距離を置きつつ過ごしていたと思う。あるとき「うぢゃを見てるとイライラする。もう長いこと来てるのに、なんでそんなに受身なんだ」と激を飛ばし、「これから毎日勉強部屋に勤務しろ! ヨガにも来い!!」と背中を押してくれたのが李珍景先生だった。その時から、より深く(?)研究室に入り浸るようになっていった。セミナー、ヨガ、食事当番、カフェ当番、食後の散歩、ケポイフィリア(前述。私が参加したときには中南米の文学がテーマだった)などなど。勉強部屋の机で勉強することも多くなった。

しかしながら、私はいわゆる「会員」ではなかった。日本に戻る直前、ひょんなことから「会員」になった。研究室では会員と非会員の境界が非常に曖昧で、その基準は、研究室の活動に主体的に取り組み、毎月の会費を払うこと、くらいしかないのだが、私のようなフリーライダーがたくさんいて、またそれが何の問題にもならないというのも研究室の懐の広さ、だろうか。会費は結局、韓国に滞在していた最後の一、二ヵ月分と、あとは行った時にお金があれば払うくらいしか収めていない。

京都に戻り、非常勤講師として働きつつ、休みになればソウルに行き、研究室に滞在する。着くなりノートパソコンを広げる私を見て、「今来たばかりとは思えない」と笑われる。それにしても、行くたびに知らない顔が増えている。常に何かしら新しいことが始まっており、研究室は本当に立ち止まらない。

ちょうど私が日本に戻ろうとしていた二〇〇六年三月ごろから、研究室は急にあわただしくなった。韓米FTA締結に反対する闘争に、研究室がその名を掲げて乗り出したのだ。また、いわゆる社会的少数者たちがくりひろげている運動、たとえば障害者の移動権を勝ち取る闘争、移住労働者の取り締まりに反対する闘争などがそうなのだが、私はかなり驚いた。そういった運動に共感はしつつも、あるいはドゥルーズなどが語るマイナー性などには傾倒しつつも、研究室で研究・生活することそのものを「運動」としてきたこの人々が、運動の、それも実働部隊（?）として動き出すなんて!!

『コミューン主義宣言』

最近、『コミューン主義宣言』（高秉権・李珍景他、教養人、二〇〇七）という本が出版された。あの「共産主義宣言」が出されてから約一六〇年後に出されたこの「コミューン主義宣言」は、私が始めて参加した講座をもとにまとめられた本だ。「我々はコミューン主義者だ。コミューン主義こそが我々の存在論であり認識論である」「あらゆるものごとをコミューンの観点から考え、行動せよ！」。いささか扇情的な文句を含みつつ、この本が主張するのは、あらゆる存在とのつながり、私的所有への反対、世界を変える実践を真摯に現実化させるその力のありようとしての「コミューン」である。

我々は日常の具体的な実験を通じてのみコミューン主義を主張していく。エネルギー、食料、情報、知識、情緒などを異なるコミューンたちとどのように疎通させるか、どのようにオルタナティヴな生を実験することができるか。このような悩みのなかでのみ、我々は我々のコミューン主義を主張するだろう。我々の具体的実験に対して「そんなことして世界が変わるとでも？」と問う人たち、総体的なプランを提示せよという人たちに、我々はこのように答える。世界が変わらないという言葉を自身の生を変えない弁明にするな、と。重要なのは、あなたの生を変えることだ。そしてさまざまなオルタナティヴな実験を疎通させ広げていくことだ。「そうすれば世界は変わる」。

我々の宣言が終わる所に、いや、我々の文章が始まる所に、一つの項目を付け加えようと思う。我々はあらゆる実験、あらゆる革命、あらゆる宣言（この宣言も含めて）から厳粛主義を追い出そう。我々はもう実験する必要のない、たった一度の「真の実験」を夢見る人々ではない。それ以上の実験を望まない実験、我々はそのような「真の実験」には無関心だ。コミューン主義者として、私たちは実験と試図を楽しむ人々だ。我々は実験を反復することで、一歩ずつ、一歩ずつ歩いていく。（二八－

二九頁）

コミューンだのコミューン主義だのと言うと、非常に遠大な理念を思い浮かべたり、地下活動でもしていそうな革命組織を思い浮かべたりするかもしれない。しかし、ここに宣言されているように、重要なのは「実験」とそれを「楽しむ」ことだ。実際、研究室に関わる人は確かに研究活動という運動をしているかもしれないが、そんな気負いはどこにもみられない。ある理念を金科玉条にして毎日を過ごしているわけではない。かれら・かのじょらがやっていること、そして私がかつてそこでやっていたのは、勉強して、食事をして、食事の後には散歩をして、また勉強して、討論して、休憩して、運動して……。ただこれだけだ。ここで私は、かつて福島瑞穂氏が言ったこんな台詞を思い出す。遠い日の革命を夢見て毎日が不幸だなんて冗談じゃない！

もちろん、社会的条件が異なる日本という場でこういった共同体を作るのは、確かに難しいかもしれない。しかし、それもやってみればわかること。世界を変えるという作業が楽しいものであり、そうあらねばならないことを、そしてそれは、「今、ここ」から、「私」から始めることができる。大切なのは、常に歩きながら問うこと。そのなかでこそ道は開かれることを、〈スユ＋ノモ〉は教えてくれているのだから。

I

はじまり――運動へ

はじめに

今から七年前、水踰里《すゆり》に小さな勉強部屋ができた。はじめは少数の韓国文学研究者たちが集まって、セミナーを開いていた。セミナーが増えていくにつれ、人々が集まってくるようになった。それから後、社会科学者たちが合流し、講座を開くようになった。また新しい人々が集まってきた。食事をともにするようになってから、もっと多くの者たちが訪ねくるようになった。卓球と散歩、登山とヨガなど、一緒にやることが多くなればなるほど、人がどんどん増えていった。「微塵の差異が千里のすれ違いを織り成す」とでもいおうか。そうして静かに始まった歩みが、いつのまにやら生と知識にたいする新しい可能性として浮かび上がってきた。知識と日常がひとつに折り重なりあい、日常が再び祝祭になるという奇妙な実験がなされる場。都市の中産層に入っていかなくても、幸せに暮らす方法を模索できる場。革命と求める道が一致するようなヴィジョンを探索する場。研究空間〈スユ＋ノモ〉は、まさにそういう場だ。

人々はみんな怪訝な顔をする。いったいどういうつもりでそんな空間をつくったのか？　どうやってそれを運営しているのか？　また、今後何をしていくつもりなのか？　実際、わたし自身も気になって仕方がない。ここに集められた文章は、第一義的にはそういう「知りたい病」を解消するという目的から書いたものだ。書きながら、新たにわかってきた事実がひとつ——過去とは固定されているものではなく、常に新しく構成されるということ。今、ここの生がどのように構成されるのかにしたがって、未来のみならず過去もまた絶えず変化するということ。それゆえ何かを記録するということは、過去の中の未来を、現在の中の過去を、幾重にも重ねて、まったく異なる時間の配置を作り出すことだということを知った。

したがって、ここに集められた文章は研究空間〈スユ＋ノモ〉についての人類学的報告書であると同時に、ヴィジョンの探求書でもある。すでに過ぎ去った事柄を追憶するためではなく、今、この場から「まだ見ぬ未来」を生き生きと具現するために、これらの文章は書かれた。ここに書かれたさまざまな事実を、すべて信じてはなりません。これは単にひとつのヴァージョンであるにすぎず、それ以上でも以下でもない。主体の位置によって、焦点とアングルによって、まったく異なるヴァージョンがいくらでも可能だからだ。

ここに集められた文章の韓国語版は、二〇〇三年秋から二〇〇五年一月までの間に書かれたものだ。それから現在、こうして翻訳がなされる間にも、すでにこの空間には無数の変化があった。消えたものもあれば、考えもしなかったことが突然生み出されたりもした。今後また何が消えゆき、どこから何が到来するのか、誰にも知りえない。自分たちでさえ、何をしていくのか予想もつかないということ、それこそがこの空間の真の姿なのだ。

英語、中国語、日本語圏の友人たちにもこの不思議な力動性が生き生きと伝わらんことを！　そうして今まさにこの場から生を構成しなおす愉快な実験に身を投げ出さんことを！

カフェ・トランス（苑南洞《うぉんなむどん》の研究室二階）にて

二〇〇五年一〇月一日

高美淑

参考

1　消え去ったもの

汶湖里《むのり》：二年間の実験を終え、二〇〇五年春、いったん撤収した。現在、春川《ちゅんちょん》とソウルのあいだにある空間を物色しているところだ。汶湖里はなくなったが、汶湖里を通じて育てた夢――自家菜園と執筆室、地域との連帯など――は続いている。

2　到来したもの

（1）空間《こんがん》PULS：二〇〇四年七月、研究室の横の建物の二階に新しい空間が開かれた。季節ごとに開かれる**青少年人文学学校**。研究者たちの基礎学問集中訓練プログラムである**講学院**《かんはぐおん》、現在は古典学校、理論学校、翻訳学校が運営されている。**語学院**、研究室の会員たちのための英語、中国語、日本語プログラムが進行中（毎日一時間ずつ、一週間に四時間）。**ヨガ教室**、ここ一年の間にヨガ人口が大幅に増え、もっとも完成度の高い同好会として浮上した。研究室のメンバーだけでなく、ロシア、中国、日本、アメリカなど名実ともに国際組織として「盛り上がって」いる。その他、多様な活動が構成されているところだ。**映像院YAP！**、研究室の活動を映像へと移し変える作業をしている。

（2）駱山斎《なくさんじぇ》：研究室から歩いて五分ほどのところにある、上品でこじんまりとしたアパートの二階。二〇〇五年夏に開かれた。家が非常に遠い会員や、地方出身の会員が集まり、住居空間として運営されている。ゲストハウスとしても脚光を浴びているところだ。

（3）海外通信：アメリカ、日本、中国のなどとのネットワークが構成されている。ホームページ〈해외 통신〉（海外通信）欄を参照のこと。

「友情の教育」と「遊牧的知識」ためのエッセイ

高美淑《こ・みすく》

「死ぬか、ワルになるか①」

一つの怪談が大学街を徘徊している。「大学は死んだ！」あるいは「人文学は今、崖っぷちに立っている」といった筋立てで構成された怪談。九〇年代後半から流布し始めたこのホラーは、世紀をひょいっと超え、もはや公然にも汎国家的（？）に撒き散らされているのが実情だ。韓国の大学に、いつ転換期ではない時代、危機ではない局面があっただろうかというが、しかし現在、流れている気流には何か普通ではない兆候がともなっていることには間違いない。何より、その冷え冷えして陰鬱な気運が、あの遥かな虚空の中でなく、大学と大学周辺の狭い隙間を横切って徐々にその領土を広げつつある点で、普通ではないのだ。

もっとも、こういった事態はとっくの昔から予見されたことでもあった。九〇年代以後、近代、近代性全般に対する抜本的な問いが、堤防の土手が裂けるかのように四方から零れ落ちたところに、近代性の理念的番人の役割をしていた大学あるいは人文学が、これ以上無風地帯として残り続けることはできないだろうということは、火を見るより明らかだったのだ。公教育全般、いや「教育の公共性」という堅固な大地が揺らいでいるというのに、大学だけがひたすら平穏だったら、むしろその方が問題なのではないか?

とにかく、うわさは現実となって目の前に到来し、当分の間この旋風はいっそう加速する見込みだ。危機の言説があふれ、教育改革に関するさまざまな言説が慌ただしく提出されることもその余波の一つだろう。ところで最近の言説を大まかに見てみると、たいていは変化を強要する現実を責める一方で、変化の当為を声高々に叫ぶという二律背反のかたちを取りながら、「世界化」だの「理性の合理的普遍性」あるいは「人格教育」だとか何とか言いながら、かすれるだけかすれた掛け声をあげつづけるのが大部分だ。論議の旧態依然とした状況はともかく、このようなパターンではどんな実践的構想も導き出すのは困難だ。ただ抽象的な原則をめぐってうんざりするような水掛け論のみが繰り返されるだけである。

問題は現場だ。教育でも知識でも「今、ここ」の現実と熾烈に対決することができないのなら、それはただ空虚なだけだ。言い換えれば、具体的な政策がどうなろうと、教育改革がどうなろうと、まずは現場が生きていなければならないということだ。なぜなら大学教育とは、制度や政策以前に知識がどのように生産され、どのような経路で伝わっていくのかというのが核心を成すからである。また、制度が完璧に備えられたからといって現場の生き生きとした動き［生動感］が保障されるわけでもない上に、いつどこでも状況と配置を変換するための闘いは常に遂行されなければならないからだ。
その張り詰めた緊張感にすすんで耐えようと思わないのならば、おそらく道はふたつに一つだろう。古びた虚像の上に捕らわれ、ますます孤立し自己消滅していくか、そうでなければ一時的な間に合わせの包装で辛うじて延命するか。要するに「死ぬか、ワルになるか」である。

いくつかの誤った前提

どのような言説であれ、それが生産的な対話へとつながっていこうとするものならば、問題を極限まで追い込んでいくことができる大胆さが必要だ。教育言説が上滑りな水位で堂々巡りをしているのは、基底に敷かれている、間違って導き出された諸前提を黙認しながら、ただ表層に浮び上がった事柄のみをもって四方八方行ったり来たりしては行き詰まっているからだ。したがって論議をもうちょっと迫真にせまるべく誘導するためには、時に無意識的に看過され、時に意図的に回避される深層の諸前提を表面へと浮かび上がらせねばならない。こういった作業は、何よりも抽象的な掛け声で着色された言説を、その外部、すなわち現場的実践と接ぎ木するための戦略の一環でもある。

1
誤った前提、その第一は人文科学ないし大学教育を一つの自明な真理、固定された実体として設定する点だ。すなわち、大学の人文学は人間の本然的価値を扱うものであり、したがってこれは固有の実体性をもったものであるがゆえに、これを揺るがす社会現実はそれ自体として不当なことだというような思考体系がそれだ。この脈絡において「人文学の危機は人間それ自体の危機と等値」になりうるという論理的飛躍も可能になる。新自由主義ないし市場全体主義への捕獲という政治経済学的分析(あるいは怒り?)が、こういった論法に、常に影のように付きまとうことは周知のところだろう。おそらく大部分の知識人は立場にかかわらず概してこういった前提に共感を表明するであろう。

しかし、残念ながらそれほど神聖で固定された実体などはないのだ、はじめから! よく知られているように、大学は他の公教育機関と同じく「封建的臣民を近代的国民へと」再誕生させるための近代のプロジェクトの一部であったし、その点で徹底的に歴史的産物でしかない。それが標榜した人文主義や基礎学問、教養知識などの名分は、近代性の諸価値を体系的に訓育し内面化させるための道具であるにすぎない。したがって、それらは時代的配置によっていくらでも変わりうるし、またそうあるべきだ。

その一方、起源の問題はそうだとしても、韓国近現代史において、はたして大学が人文的知識を通じて能動的価値を生産したことがあったのかも疑わしい。時代と社会を変化させる知的な力はいつも大学の外部で形成されていたし、大学が自発的に変化をリードしたことはほとんどない。考えて見れば大学教育の主流は「国粋的我執」か「西欧追従」の二つの軸の間を往復競走していたのが、そのすべてだったと見ても構わないであろう。おそらく、大学が社会変革を主導した時期といえば八〇年代であろうが、その当時も理念的活力や知的エネルギーは大学教育内部ではなく、外部の異質な複数の線分が交差しながら形成されたと見なすべきだ。その時はマルクス主義が大学を蝕むとして怒りを噴出させ、マルクス主義が引潮のように引いていった現在においては再び新自由主義が大学をダメにすると叫びたてるのは、少し厚かましいのではないか。こういった論法に前提されている人文学や大学教育という実体は、いつも時代変化にかかわらず足かせをはめるべく機能するだけであって、それ以外の何ものでもない。これらは具体的な実践にはなんらの助けにもならないのに、一歩進んで変化を強要する外部の力に対して道徳的優越感を保障してくれる「ネガティブ」な役割のみを担う。まるで敗北と侮蔑の中でも常に精神的な勝利だけで自足する魯迅の「阿Q」のように。

より問題なのは、その中に慢性的な二分法を内蔵しているという点だ。たとえば、基礎学問ないし人文教養を強調する思考の基底には、えてして教養と専門知識、そして人文学と科学分野とをざっくりと切断するコードが作動している。実際、人文学の分野が揺らぐとして人間的価値を扱う教養知識がすべてどこかに消えてしまったら、科学分野は初めから人間的価値だとか教養的知識とは無関係な「技術知」に過ぎないということになるのだが、これこそ反人文的思考ではないか。現在、大学の人文分野はただただ多くの分野学問のうちの一つに過ぎないだけなく、そうであるがゆえに人文分野と科学は緊密に疏通しなければならないという必要性が切実なのである。この間、理工の分野がその点をはなから度外視してきたことも問題だが、人文分野がその点を全面的に引きうけたかのように進み出ることもまた、近代教育の治しがたい二分法をそのまま墨守していくという決意（？）の表現に他ならない。

新自由主義の陰謀や市場経済の悪魔性を暴露することは易しい。しかしそうだとして古びた枠組みを踏襲するのが正当化されるのでは絶対に、ない。むしろ資本の軌跡あるいは運動よりもう一歩先に立って、知識と教育の配置を変えようとする果敢な試みを始めなおすのが、この難局を突破する賢いやり方ではないか。「百尺竿頭一歩を進む！」という心持で。

2

誤った前提、その二番目は極めて具体的なものだ。教育改革に関する諸言説を細微にわたってよく見れば、初めは人文学と人性の危機に対する嘆きではじまり、詳細各論に入って具体的な代案を提示する段階になると、研究支援費の確保及びそれを取りまく公正な分配に関する言及が、抜け落ちることなく登場する。

実際に、いつからか大学では研究支援費の確保が主要イシューとして「浮かんで」いる。研究支援費を確保するための様々なプロジェクトを準備するのが一年の主な活動だという教授も少なくないという噂も、飽きることなく聞こえてくる。そして最近の何年かの間に各大学には少なくない資金が流れていき、多様な研究プロジェクトを稼働させていると聞いている。そうであるなら研究の生産性は大幅に増加しているはずだが、本当にそうなっているのか？　どうしてこんな素朴な質問を投げかけるのかというと、いつもプロジェクトによって動き、その成果をそれなりに数値化することができる理工系統と違い、人文科学分野は明らかな計数が目にみえるわけでもなく、そのうえ数値が内容をそのまま表現するわけでも、決してないからだ。

具体的な事項や実行方式はよくわからない。しかし、答えは常に現場にあるというのが世の常。私の見聞では研究支援費とプロジェクトはひとことで言って人文学分野の知的エネルギーを完全に「焦土化」させている。ほとんどすべての大学で大学院生たちは入学するやいなや指導教授ないし能力のある教授の下で、あれやこれやとプロジェクトに動員されるのが近頃の大学院の風景だ。授業やセミナー［自主的研究会］は後回しだ。もちろん、資料をデータベース化することも研究の主な一部と言える。しかしながら、常にそうであるように、それが人文学的想像力によって駆動されないのなら、それ自体はまったくもって疎外された「事物《モノ》」でしかありえない。ところが、想像力が枯渇していく状況のなかでどれほど電算化作業が猛烈になされたところで、それが新しい知識生産につながるはずがない。九〇年代中盤以後、韓国人文科学には論争が消えた。論争の失踪！　これほどまでに知的荒廃を証言してくれるものがあるだろうか？

さらに、研究支援費を確保するためには研究業績が特に優れていなくてはならないというが、そのために幾多の学会が乱立している。あらゆるジャンル、専攻別・地域別学術大会が群れを成して出てきており、それぞれ全国的な学会誌を出すために慌ただしく動く。そうしてこそ研究支援費をもらうのに有利だからだ。そうしようとすると、方法論的模索や知的探求のためではなく、行事のための行事が雨後の竹の子のごとく開かれ、そうしてまた学会は一層荒廃化するという悪循環が深まっていくのだ。そしてこういった行事及び学会誌出版に必要なさまざまな労働力は、主に大学院生ないし専門研究者たちが無償で（！）献身しなければならない。これは本当に、八〇年代と比べても退行的だ。私が大学院で授業を受けていた時代には、各種セミナーと小グループの研究チームが多くてアルバイトをはじめとするその他諸々の活動を減らさねばならなかったが、今は逆に煩雑なことのせいで知的な能力と欲望を抑圧されねばならなくなったのだから、あぁ、その世知辛さを誰が汲み取るとでもいうのか！

私が現在活動している〈水踰研究室＋研究空間〝ノモ〟〉[2]は、主に大学院に身を寄せているとか、博士の学位を持ってはいるが未だ大学に進入していない専門研究者約六〇人がともに活動する場だ。専攻は国文学と社会学が主流だが、その他人文科学に該当する大部分の専攻者があまねく出入りする。もちろん出身大学も各様各色だ。ところでこの多様な種類の知識人群像が一つにまとまるようになった根本動機を考えてみると、現在の大学の顔がそのまま鏡に映し出される。すなわち、これらは何より知的欲求を大学の中で全く解消することができないのだ。

誰もがそうであるように、大学院に進学して専門知識人になろうとする時、一番根底にあるのは知に対する強烈な欲望だ。ところがその初心は、大学院に入っていく瞬間、一気に消えてしまう。選択の余地もなく与えられる正体不明のカリキュラム、飽き飽きすることこの上ない講義現場、そして何よりの先に述べた果てなく負わされる学問外的諸労働。皮肉にも、私たちの研究室で多様な性格をもった知識人たちが交差できる力は、大学の荒廃あるいは知的無能力にあるわけだ。結局、研究支援費の確保が主要なカギになり、またそのために不毛なことこの上ない論文を量産し、自分の業績を誇示するために指導学生たちを無償で搾取する、この酷い悪循環の「食物連鎖」を断ち切らない限り、大学教育には本当に、希望がない。

3

学部制、教授任用の不正、講師の処遇問題、学閥主義など。大学教育をイシューとして扱う時には常にリストアップされる項目だ。講師制度や学縁、地縁が絡まりあった不正任用はすでに慢性的な病弊になって久しく、またそれは教育担当者すべての「公然の秘密」であるがゆえに、すぐに解決される見込みもない。根こそぎにする時まで待っていては「百年河清」である上に、どのみち煩悩の中で清浄心が咲き始めるのが「古今の理」というもの。そんな制度的不正と闘うためにも、能動的な知識生産の他により有効な道はなさそうだ。

また一方で、学部制の施行は前述の諸事案とは明確に位相を異にする。この制度は需要者の選択権を重視する方向に進まなければならないという世界的趨勢とともに、分野によって分かれた学科体制では二一世紀が要求する創発的でダイナミックな知識が生産されにくいだろうという巨視的ビジョンと歯車のようにかみ合っているというわけだ。こういった流れが大きく修正されないのなら、今後この制度は、時間差があるだろうが、結局は全面的に施行されざるを得ないだろう。

ところで学部制に対する既成学界の立場は概して、性急な施行の間違い、そして基礎学問の破壊、専攻の不均衡など、非常に初歩的な水準の対応にとどまっている状況だ。この制度が教育を商業主義に駆り立てていくはずだという暗鬱な見込みが常にその裏面に伴っていることは言うまでもない。しかし先に言及したが、この事案は施行方式の間違いや資本と教育の緊密な癒着以前に、教育と知識の構成に対する根本的な問いを内包している。

現在大学や大学院で設定されている専攻分野、そしてカリキュラムは一体どうやって作られたのか？　たとえば、国文学は古典文学と現代文学に分けられている。これは知識人を配置することから専攻科目を設定する最も一次的な基準として機能する。ちょっと見ただけでも、こういった分け方は時期的にも均衡が取れていないだけなく、古典文学からは現代的呼吸を剥奪し、現代文学には古典的深みを不在にさせる逆機能を再生産するようになる。それなのに、このような区分法がなぜ普遍的に受け入れられなければならないかに対しては、誰も疑問を投げかけない。韓国史も同様だ。高麗時代や新羅時代にいくと専攻者をほとんど見かけない。今、韓国史研究の主流な分野が大概は朝鮮時代や植民地時代であり、指導教授の専攻分野に合わせて研究をしなければならないがゆえにその区画線を超えることができる可能性は初めから封じられているからだ。

一専攻内でもこのような状況なのに、ましてや国文学と歴史学、哲学など大きな分野間は言葉のうえでは人文学であっても、知的疎通は基本的に遮られていると見てもいいだろう。こういう点から見れば、人気のある学科に偏重し、専攻間均衡が壊れるであろうという嘆きも形無しなことこの上ない。今も人文学の知的不均衡は深刻な状態であり、学部制施行と無関係に、この問題の解決の見込みは今後もはるか遠い。そして、どうせ専門研究は大学院において主になされるものだというとき、学部教育での基礎学問の破壊を云々しながら分科体系を固守しようとすることには、現場的説得力がほとんどないと言える。

したがって、今、切実に要請される作業は、孤立し閉鎖的な分野の壁を越え、知識が自由に回遊できる通路を開いておくことである。そうなれば人為的に学際的研究をでっちあげることもなしに、多種多岐に渡るテーマがあふれるようになるはずであり、それらは基礎学問と専門知識の間の壁も超え、需要者たちに豊かな知的選択の場を用意してくれることになるだろう。学部制に賛成するにしても、でなければそれに全面反対するにしても、誰もこのような実践の責務から脱することはできない。いったん知的閉鎖性を抜け出ることとさえすれば、いくつものテーマが可能だ。古典文学と映画、フェミニズムで漢詩を読むこと、文體反正(3)と新しいエクリチュール、燕巖朴趾源(4)と李卓吾(5)、魯迅と申采浩(6)、等々。

こういった生成と変異がなされないのなら、当然のことながら学生たちは外国語や経営学など実用的な方面へと傾くしかない。何らの知的触発もない基礎学問を聞くのなら、その分現実に役立つものを採ったほうがよいと見なすであろうことは、当然のことではないか。百年前、近代が満ち潮のごとく押し寄せる時、頻繁に活用された警句が一つある。いわゆる、周易の「窮即変、変即通」がそれだ。再度、この古典が味わわれる時が来たのだろうか？　窮すれば変わり、変われば通ずるとは！

「友情の教育」「遊牧的知識」は、いかに構成されるか？

指摘しておきたい事項がもう一つ。あまりにも韓国の近現代史が屈折と混沌の連続であるがゆえにそうなのだろうが、手に負えない問題にぶつかれば、いったん視野を外国へと向け、先進的な国の制度を準拠にして批判するとか、代案を提示するといったエートスがある。そうして私たち頭の中には知らないうちに「どこか遠くの国」では理想的な教育がなされているだろうという幻想が根を張りめぐらせる。しかし「ユートピア」などないのだ！　『*Pink Floyd*／*The Wall*』『ウェルカム・ドールハウス』のような映画を見てみればよい。そこに描かれた先進国の学校もまた、抑圧と規律権力の場にすぎない。それが資本主義の生まれもった不安定性のためであれ、でなければ近代プロジェクトの全面的失敗に起因したものであれ、これから全世界にわたって教育の公共性というテーゼは必然的に崩壊していくと思われる。(7) 同時にインターネットが象徴するように、学校の概念自体が完全に変わり、想像もつかないほど多くの異質な学習の場が出現するだろう。

要するに、韓国の教育難局を突破させてくれる完璧なシステムはどこにもないということだ。だからといって非正常的な近代という韓国的特殊性論に捕われ、ただ合理的な先進制度に寄り掛かろうとするのなら、またもや試行錯誤を繰り返すようになるのみだ。重要なのは「今すぐ」自分が立っている場から「教育と知識」の古びた配置を根本的に変換させる実践を遂行することである。

1　「分子的共鳴」と友情の教育

空間は一種の政治的「機械」だ。その配置によって縁起作用が変わっていく。その点で、凡そすべての教育はまずもって教室の配置を変える事から始めなければならないだろう。少しずつ変化してきてはいるが、大部分の教室は高い教卓と壇上、一列に配列された机と椅子で構成されている。先生と学生の区別がはっきりと分けられているのだ。これは近代的啓蒙主義の空間的投射である。すなわち、教育とは専門的で人格的品性をそなえた師匠がまだ未成熟な人々を導いてくれるものだということ。上から下へ、光ある場所から暗い場所へと！　こういった前提がもとになっているために、当然、教育の内容はレディーメイドを複製する性格を帯びざるをえない。独創性や個性、創発性などを強調するとしても、それは究極的に師匠が区画しておいた一定のバウンダリーを決して脱することはできない。

だからまずはこの区画と境界を横断する作業から始めなければならない。一体、知の領域において師匠と弟子が、いかにして固定された線によって区画されることができようか？　年上だとか学閥がよいとか、知力がすぐれているとかいうことは、ただ一つの特異性にすぎない。なぜなら、知の世界にはその限界がないからだ。絶えず学び、教えるという知の流れだけがあるのみであり、明代末期の代表的な非主流思想家である李卓吾の次の言葉はその点で、本当に感動的だ。

私は師と友は元々同じであると考える。この二つが別であるというのか？……もし友だからといって礼を尽くして学業を伝授されることができないなら必然的に彼／女とは友たりえない。師だからといって心中にある思いを打ち明けることができないなら、彼／女を師として仰ぐことはできない。[8]（李卓吾『焚書』より）

彼によれば、東洋の師表として仰がれる孔子もまた、自身が悟った道を伝え討論する友を探し求め、天下を旅して回っただけであり、誰にも自身に倣えと教えたことがないという。師匠でありながら友人であること、これを「友情の教育学」と呼んでみるのはどうか。こういった関係のもとでは、教育の主体ではなく、ただ知識が構成され流れる「力と力の力学」のみが作動するので、学問外的権威やヒエラルキーなど立つ瀬がない。その点において、この構図は単に民主的で平等な「人間化教育」というヒューマニズム的な掛け声にはとどまらない。ひとつの例をあげてみよう。

私たちの研究室には数多くのセミナーがある。日本語講読、中国語講読、中世美学、修辞学、東アジア近代性、貨幣と哲学セミナーなどなど。このセミナーは誰かが一律に提示したのではなく、もっぱら構成員たちの知的欲求によって提案されたものであり、その提案に「乗る」人々が集まってなされるものだ。言わば、需要者の学習構成権が全幅的に保障されるシステムであるというわけだ（その一方で、現在の大学教育は需要者どころか、教授たちの学習構成権さえ認められない）。そしてそれぞれのセミナーは、また別の多様な変異型を果てしなく増殖させていく。そういうわけで、日本語講読をやってみて不意に科学史セミナーへと広がっていったり、貨幣と哲学セミナーをしていながら日本語講読チームが作られたりもする。セミナーの構成員は年令別にみると約二〇年のギャップがあり、いわゆる先輩・後輩、師弟間などさまざまな因縁が絡まりあい、混じりあってはいるが、そういったヒエラルキーは、ここではいかなる影響力も発揮しえない。ただそれぞれの能力が交差しながら「分子的共鳴」を起こすことのみが問題なのであり、その流れにおいて「固定席」はありえないわけだ。

セミナーの成果がアップグレードして講座として開設されるのだが、ここでも教師と需要者がみな自発性によって結びつけられるので「知的共鳴」だけが唯一のカギとなる。だから、ある講座では先生だった人が、違う講座では受講生になるという変換が常に起きる。研究室を開いて初めて公開講座を始める時、一番気を使った事といえば講義室の空間的配置を水平化したことである。円卓とセミナーテーブル、個人机などをそのままずらっと並べて講義が進められる。講師の位置は随時変わりうるし、学生たちも同じだ。去年、マルクス主義の講義の時には、講義室の収容可能人員をずいぶん超えてしまい、机の上に上ったりすることもあれば、先生の後頭部を見ながら講義を聞いたこともあった。こういった配置は少し無秩序に見えるが、知識の交流には全く差し支えがない。むしろ一律的な配列ではないがゆえに、学生や先生みんなが身体的自由を享受することができる。そのうえ、このやり方は受講生の間の関係にも大きな変化をもたらす。教室の配置が画一的になると、学習者たちの間の疎外も深まるのが一般的だ。講義中にはひたすら先生にのみ視線を置かなければならないし、お互いの接触が（視線や対話など）遮られているので、人的つながりはいつも講義外でしかできない。これは非常に些細なことのように見えるが、そのように二元化されると、知的疎通や討論の躍動性は著しく低くなるものと決まっている。知識そのものが人と人との間の親密感を高める中心要素になる時、そのときはじめて師匠と友人がひとつであるような教育が可能になるものだ。したがって、空間の水平的配置は教師と学生の境界のみならず、学習者たち相互間の親和力を上昇させる際に決定的な機能をはたす。講義の時やセミナーの時、常にお茶とお菓子を準備することもその点を考慮したものだ。一緒に食べて飲むことほど親和力を育てるものもないのではなかろうか。そして現実的に考えてみても、講義をする人も力を使うが、熱心に聞くためにも多くのエネルギーを消耗する。知識はつらいことに堪えるのではなくて、喜びを増殖させる事だ。お腹がすけば食べ、喉が乾けば飲むことができる、可能なかぎり身体的自由を享受することができる時、知的共鳴の周波数はさらに上昇しうるのである。

一つの知識を学ぶということはさまざまな経緯の通過点をもつ。直接的伝授あるいは本を通じた交流、そして一緒に力を培ってくれる友人たち、空間的配置などなど。だからこそ知識は誰の独占下にもありえず、絶えず流れねばならないのだ。講義をしてみた人は誰もが実感するだろうが、同一の内容も関係の構成によって著しく異なる共鳴と触発をもたらす。同時に必ず喚起されるべきは、教育とは何より教える人そのものを知的に訓練させる場であるという点だ。事情がこうなのに、どうやって主体と対象を区分することができようか？　知的な楽しさを増殖させながら、時には弟子の位置にあり、時には師匠の席に、そして時には「朋友」になるといった、多様な地点を軽快な歩みで行き来することができること、新しい世紀は、まさにこういった教育のパラダイムを要求している。

2　「樹木型ヒエラルキー」から「リゾーム的増殖」へ

学部（分野）制に触れた部分ですでに指摘したように、近代以後、分科化された学問体系が現実的整合性を失ってしまってから長い時間が経過した。分科学問はただ多様な専攻の間の疎通障害にとどまらず、分科内のヒエラルキーを作動させるという点で、さらに問題だ。国語国文学科の例を再度あげてみるなら、国文学と国語学の間には万里の長城が横たわっている。また、国文学のなかでも古典文学、漢文学、現代文学は「言葉の道」が断ち切られて久しい。その他の学科も事情に変わりはない。自分の分野から一歩出るだけで目の前がまっ暗だというのが、いわゆる専門性の実体だ。人によってはこれが一分野を深化させるための不可避な方策だと主張することもできるが、これは深化ではなく、孤立を自ら招きながら現実にどんな役にも立たない知識を量産するに過ぎないだけである。

生命はエネルギーの流れであり、知もまたしかり。流れを遮断し境界を引くのに没頭することに、一体何の深化があり、拡充が可能だろうか？　実際にこのような分科体系と、学縁・地縁など慢性的な病弊の再生産は決して無関係ではない。知的な流れが遮られれば、根こそぎの専攻分割がさらに加速し、それは自ずから知識外的諸関係に依存する習俗を強化する。学閥主義、任用不正などを激しく批判する人々でさえ通常それがこのような知的生産の方式とまったく別のものだと考えるのだが、それこそ知識と生を二元化する網の目に捕らわれた思考方式に他ならない。

それなら、いまや重要なのは、壁を越えた流れを作りだすことだ。条里空間から平滑地帯へ！　ところが、ここで知識生産の配置に対する新しい問題設定が必要になる。そうでなければただ学際的研究というのを奇妙な総合や雑種交配程度のものだと勘違いするというハプニングが繰り返されるだろう。率直にいって、近年の分科的体系を越えるといって試みられている大部分の作業が、言説の生産とは無関係な誇示のためだけのプロジェクトであるといった場合が少なくない。細かく隙間なく区画された線を横切りながら、予期しなかった知的な複数の流れが生成されることは、そういう人為的な混合折衷とは無関係だ。

具体的な例を一つあげてみよう。私たちの研究室のセミナーは初め、韓国近代啓蒙期を対象に資料を読むことから始まった。ところが開化期の新聞資料を読んでみると、誰もが、文学テキストに限定しては到底この時期の地図を描くことができないということに共感するようになる。それで、おのずから宗教、哲学、思想史全般、言わば近代性言説の領域へと視線が拡がり、また一方で韓国の近代性は中国、日本など東アジア的地平において思考しなければ不可能だという認識に到達するようになる。日本語と中国語関連の様々なセミナーはこのようにして生み出されたのだ。そして東アジア近代性論は、前近代と脱近代に対するビジョンを伴えばこそはじめて深層的な探査が可能になるのであり、中世美学やドゥルーズ＝ガタリ、フーコーなどフランス現代哲学との接続は、このようにして構成された。この過程で社会科学をしていた人々は徐々に東洋的思考へと目を向けるようになり、古典と漢文学だけに閉じこもっていた人々は西欧の脱近代論に注目せざるをえなくなったのだ。このように、専攻間の壁を崩すことは決して難しい事ではない。与えられたコードと習俗に何も考えずに捕らわれていさえしなければ、視線のするどさは自然に深淵に対する情熱をともに呼んで来る。ドゥルーズ＝ガタリの用語を借りてみよう。既存の分科区分が、根源になる根をもち、それを土台に複数の枝が伸びていく一種の樹木的位階の形象を取っているとするなら、それに比べてこのような横断は根茎、すなわち中心も志向もないが無限に分裂していきつつ、どんなものとでも接続することができる「リゾーム的増殖」と名付けることができるだろう。

そしてこれは、ものを書くこと全般に対する問題提起とも重なり合っている。大学院に通ったことのある人なら誰もが体験しただろうが、学位をとろうとするなら、決まった内容と形式のコードをそなえた、整形化された文章の書き方を果てしなく修練せねばならない。堅固に位階化された分野体系が維持されることも、実際にはこういったコード化システムによって支えられている。だから学問体系の変化は、究極的には文章作りの文法を内破しなくては不可能だ。それはただ大衆的で教養的な文章作りに慣れねばならないといった生半可な折衷ではなく、専門性と大衆性、アカデミックなスタイルと商業的なスタイルなどを断絶させる古びた二分法自体を解体しながら、多彩な修辞学の生成を通じて支配的な書き物権力との闘いを遂行することまでを含む。

そしてこのような知識生産を能動的に遂行するためには、何より知的主体ひとりひとりの身体が自在でなくてはならない。すなわち、休みなく新たな問題を構成し、想像力の増殖を通じて変異と生成の流れを作り上げることができる存在にならねばならないのだ。

それとの関連で、韓国の研究者たちの早老現象は本当に深刻だ。四〇歳にもなればすでに権威が身につき、五〇歳を過ぎれば大体が自ら元老の席に上がろうとする。たいてい三〇代後半に博士学位をとるとするなら、結局、学位が終着点だという計算になる。それは言いかえれば、制度が付与したコースを一生懸命に習得したところでとどまるという意味でもある。これこそ、何と言うか、「こだまする音だけを聞いてそのまま真似ること」や「影を見て前にいる犬がほえれば後からそのままねして吠える犬」(李卓吾)の身の上と何が違うというのか？　よくご存知だろうが、学問の領域で最も核心的なのは、時間との闘いだ。すなわち、すぐれた知的成就を成すことができるか否かは、天才的インスピレーションなのではなく、どれだけ持続的に知的情熱を堅持することができるのかによって分かれるのだと言っても過言ではない。例えば、明代末期の大思想家である李卓吾は一生の間、儒学の経典を探求したものの、五四歳になってから再び僧侶になり、仏教に入門して二〇年あまりのあいだ休まず儒、仏、道を行ったり来たりする学問を追い求め、魯迅も死の直前まで時代との張り詰めた緊張を失わなかったし、ドゥルーズやガタリ、フーコーなど現代の思想家たちもまた皆そうだった。一方で考えてみれば、こういったあり方は例外的個人の属性というより、あまりにも自然な様態でもある。年を取るほど生を見る視野が広くなり、注入された習俗と観念から自由になっていくこと、そうすることでより一層果敢な知的冒険を敢行できるようになるのが道理ではないのかということだ。それに比べれば、「早老症」を安穏と受け入れる韓国の知的風土は致命的な欠陥を抱いている。

新しい言説の生産は理論の内容以前に、まさにこのような知的配置と習俗を変えること、それ自体にあると言ってもいいだろう。言わば、専攻、世代、学縁、性別間の位階というあらゆる慣習にまみれた「定着民的根性」から脱して、「生の躍動」に身を任せながら、常に知的初心に戻り、軽やかでありながらも粘りづよく遂行することができる身体、これが「リゾーム的増殖」の相棒となる「遊牧的知識人」の形象であるはずだ。

3　「知と生」の一致、その生成の倫理学のために

私と私の友人たちが夢見ることの中にこのようなものがある。それはシンポジウムを祝祭にすることだ。例えば、想像力の境界をぶち壊す扇情的な（？）テーマを持って多方面の研究者たちが発表する。形式は個別発表だけではなく、デュエットにすることもでき、多くの人が一組になってすることもできる。一方には食べ物とお茶がたくさん用意されている。進行の邪魔にならない限りにおいては、自由に食べて飲むことができる。合間あいまの休息時間にはロック、バラード、クラシックなど多様な音楽を聞きながら親交を深める。テーマに関わるスライドやビデオが上映されてもよい。シンポのハイライトはやはり討論だが、礼儀や格式ばった言辞は少しも必要ではない。論争を極限まで駆り立てていくのみならず、マナーだとか形式だとかの拘束がないから、討論者や発表者の個性が思いきり発揮される。時間制限もなく、空腹と退屈に耐えねばならない必要もないから、場合によっては夜をあかして討論することもできる。

もしこんな夢が実現したら、おそらく、たった一日の間でもそこに参加した人々の知的水準は飛躍的に高められるだろう。何よりこの活動を通じて教育と研究、知識と生活は一つになり、あらゆる

人々の身体に深い痕跡を残していくはずだ。シンポとは一種の知識人たちのライブ公演だ。バンドがアルバムを準備するように、普段セミナーと学習を通じて磨き上げた内容の中でも、そのエッセンスのみを取りまとめて大衆の前で一大ショーを繰り広げるのだ。そしてその場を通じて新しい知的仲間たちに出会い、そこでまた新しいかたちのチームが組織されて……。このようなライブの成果が積もれば、自然に一つの媒体に集積されるはずで、そのようになれば、今のように無理やりに企て、義務感で雑誌を出すといった悪戦苦闘を踏襲しなくてもよくなるだろう。

先に大学教育の多くの問題をいろいろと指摘したが、実際、そのすべての中心には「知識の喜び」が消えたという陰うつな診断が位置している。あらゆる豊饒と利便の中で、生の喜びが摩耗されてしまった近代的日常がそうであるように。そして喜びの喪失は知識が生から限りなく遠ざかることによってもたらされたのであり、シンポジウムはひたすら謹厳で退屈な学術大会でなければならず、生の喜びは他の場で探し求めねばならないという慢性的な二分法は、その乖離感の一表現であるにすぎない。したがって、今、私たちに投げかけられた問いは、どのようにしてこの間隔を越えて日常の実践と知的情熱を一つに融合させることができるのか、であるだろう。

誰もが知識の楽しみ、知的能力の増殖を通じた自由の拡大、能動的な関係の拡充などを願っている。ところが、どうして皆、それとは逆に生きているのか？　知識がつらい労働になり、学歴が高くなるほど身体はもっと不自然になり、そうしている間に人と人とのつながりと知的想像力は完全摩耗されるこの悪循環の沼に、なぜ座りこんでいるのだろうか。多くの原因があり得るだろう。政治経済学的分析も可能だし、文化的土壌、教育制度の不正腐敗と矛盾などなど。しかしその本音の部分には、経済的な利害関係がとぐろを巻いていることもまた否認できない。家族を養わねばならないし、未来のために貯金せねばならないし、そうするためには必ず制度圏に進入しなければならないし、そうしようとすると師匠、先輩・後輩などのセクショナリズムに便乗しなければならなくて……というように。いわば、結局のところ都市中産層の生を維持せねばならないという大前提が、理念にかかわらず知識人たち皆にその悪業を黙認するべく仕向けているわけだ。

まさにこの地点において、知識の問題は生の倫理学と緊密に結びついていることを生々しく目にすることになる。それは結局、知の自由を取り戻す作業は、生を生成させる新たな倫理学が伴わずしては不可能だということを意味する。率直に言ってみよう。現代の中産層はあまりにも多くの費用を、幸せとは無関係に出費する。ただ家族の垣根を堅固に張り巡らせるために、そして老後の安定という荒唐な命題のために。実際、これは幸せのためであるというより、ただ不幸にならないためだという方が正しいだろう。お金は単なる手段にすぎないのに、ある瞬間、お金が生涯の唯一の目標であり表象になってしまう、この奇怪な倒錯症！　資本主義ってそういうものじゃないの?と聞き返すことは、知識人としては無責任この上ない発言だ。自分の追い求める知識が現実を変化させ、生き生きと動きだすのに寄与するのだと考えるなら、その知識は直ちに生の倫理的土台に転移されるべきである。もしそうでなければ、それはすなわち自身の知識は生と無関係で、世の中に何らの役にも立たないということを逆に証明するという体たらくにならないか?

九〇年代以後、制度圏外部に多くの研究団体ができ、大学の中にも社会教育院などが雨後の竹の子のように作られることで、公教育外部の教育活動が活発になった。それにもかかわらず知識のエネルギーは相変らず幾重にも封鎖されている。それはこういった諸媒体もまた、教育や知識に対する既存の構図をそっくりそのまま変奏しており、そこで形成される大部分の教育が一時的な商品以上の機能を担うことができないからだ。いわば、知識に対する需要層は拡がったが、専門家と大衆、知識と生の境界は相変らず厚いということである。私たちの研究室には、大学を卒業して職場生活をしてから、その職場をやめて何の対策もなしにただ勉強が好きで訪ねて来る人が少なくない。これらの人々は大学院で勉強している、いわゆる専門知識人たちよりも旺盛な知識欲を持っているうえに、それが新しい生を生きたいという倫理的欲求と堅く結び合わされているために、知的にははるかに豊かな可能性を持っている。もしこういった人々が大学教育のみを唯一のコースだと思い、大学院に進学するようになったら、その瞬間から知識は喜びではなく桎梏になると同時に、生に対する態度も元の木阿弥に戻ってしまうことだろう。その回路においては、他に道筋がないからだ。それほど知識の生産と生の倫理学はからみ合っているのだ。

したがって、今の大学体制が構成員諸個人たちに強要するこのような不一致を乗り越えるためには、強烈なつながりを基盤とした知識人共同体が必要だ。一緒に集まって勉強し、セミナーをし、討論し、日常を共有しながら根本問題をもって悩むことができる、その点でむしろ「アングラバンド」がどのような教育媒体よりも立派なモデルになりうる。ただ音楽が好きで、一緒に集まり朝から夕方までずっと練習し、討論し、食べて、飲んで、お金が必要ならば、各種アルバイトを通じてお金を貯めた後、また集い歌う。それに比してみれば、知識生産はあまりにも孤立している。一週間やひと月に一、二回会ってセミナーをする程度でどうやって集合的流れが形成され、生との一致をはかることができようか？　性別、世代別、学縁、学閥などといった、あらゆる硬直した線をも飛び越える言説が、その程度のユルい接続を通じて生成されることは決してあるはずがない。

そして、バンドがそうするように、決まった空間だけ確保できれば、このような知識共同体の構成は、そんなに難しい事でもない。私的に執筆空間を用意し、図書を購入する無駄使いを防ぐことができるだけでなく、ご飯を食べ、一緒にセミナーを組織し、成果を企画するといった日常の共有は、個別的に分散している時とは比べることができないほどに知的生産性を引き上げることができる。なぜならこの時、知識と生はそのまま一つになるからだ。敢えて都会を離れ、田園に場所をとり自然と触れ合えばこそ共同体が可能だというわけではない。都心の真ん中で、最も前衛的な知識を中心としても、いくらでも構成できるのだ。「それぞれ好むことを追い求めさせ、それぞれ自分の長所を広げさせ、適ったかたちで使われない人が一人としていないように」（李卓吾）すること、すなわち、各自が互いの道を阻まないながらも、強度の高い知的ネットワークを形成すること。知と生の新たな倫理学はここから生成されうるのである。

外部から内部へ、内部から外部へ！

もちろんこういった知識共同体は前例がないという点で破格だ。私たちの研究室が、わずか一年余りの間に数多くの人的関係を形成することができ、時にメディアのスポットライトを浴びるようになったことも、おそらくはそういった理由からだろう。これは一方では、韓国の知識社会がどれだけ新しい活路に飢えているのかを証明するものでもあり、もう一方では、またそのように危機言説が広まったにもかかわらず様々な教育主体が実践的模索の面で受動的だったのかを言い表してもいる。

ところで興味深いのは、インタビューを受ける度にいつも制度圏進入を拒否するということが主要なイシューとして扱われるという点だ。はっきり言えば、これは、実際には些細なことに過ぎない。私と私の友人たちは、制度圏なのか否かという事柄に全くもって関心がない。私たちの目標は、教育と研究を一つに融合させながら、人為的に境界づけられた障壁を越え、知的エネルギーを流れ溢れださせることにあるのみだ。ただ、制度圏への進入が現実的には到底不可能であるゆえに、とりあえずその外部で始めたのみである。ところが問題を制度圏の内部か外部かといったところに設定した瞬間、このような意図とは無関係にまた二分法の落とし穴に陥ることになる。

その点で、知識の最も大きな敵は二分法そのものかも知れない。重要なのは、外部と内部が自由に出入りすることであり、したがって外部でのこういった流れが大きな力を構成するようになれば、それは自然に内部を変異させるエネルギーとして投与されるだろう。「学びには自も他もない」というが、どうして外部と内部の境界があろうか？　重ねて言うが、完璧な制度、理想的なモデルはどこにもない。模範解答を探すより、自分が立つその場から／において知識の喜びを享受し、それを通じて新しい生を構成しようとする熱望、その初心を取り戻そうとするならば、誰にでも道は開かれている。次の一節を読んで、相変らず胸を熱くすることができる人になら、なおのこと。

「青年たちが金看板だとかを掲げている指導者を探し求めねばならない理由がどこにあるだろうか？むしろ友を探して団結し、これがまさに生存の道であると考えられる方向へと一緒に進んでいくほうがいいのではないか。君たちにはあふれんばかりの活力がある。密林に出くわしたら密林を開拓し、荒野に出くわしたら荒野を開墾し、砂漠に出くわしたら砂漠に井戸を掘りなさい。とっくにいばらの藪で塞がれている古い道を探して、どうしようというのか、みすぼらしい師匠を探して、何をするつもりなのか！」（魯迅「青年と指導者」から）

訳注

（1）映画「死ぬか、あるいは悪になるか（Die Bad）」（リュウ・スンワン主演・監督、二〇〇〇年七月韓国で公開）からとられた言葉と思われる。作品は四編のオムニバスがリレー形式で接続されたハードボイルド・アクション。低予算で製作されながらも各地の映画祭で上映され好評を博したことで一般公開、「韓国のタランティーノ」と言われるほどの成功をおさめた。若者たちを苛烈な受験戦争と弱肉強食の生存競争に追い詰める韓国社会の絶望的現実を描き出している。日本では二〇〇五年に「ダイ・バッド」のタイトルでDVDが発売されている。

(2) 以前はこのように呼んでいた。

(3) 文體反正：漢文の文体体系を醇正古文（宮中生活を背景とした貴族文学。唐・宋の古文を尊重するいわゆる正統文学のこと）によって回復しようとする主張。

(4) 朴趾源（一七三七〜一八〇五）は朝鮮後期の実学者であり小説家で『熱河日記』の作者。燕巖は号である。筆者の高美淑氏は『熱河日記』の研究で有名。

(5) 李卓吾（一五二七〜一六〇二）。中国明時代の儒学者。『焚書』（六巻）の作者。

(6) 申采浩（一八八〇〜一九三六）。抗日独立運動家、社会学者、言論人。

(7) （著者注）この問題に対しては李ハン『脱学校の想像力』（サミン、二〇〇〇年）において豊かな議論がされている。

(8) （著者注）李贄『焚書』ホン・スンジク訳（弘益出版社、一九九八年）

錘路時代の提案

組織から運動へ

高秉權《こ・びょんぐぉん》

1　問題

私たちの特異な（?）能力のうちのひとつは、問題がないときには問題を作り出すことです。問題提起。よく考えてみれば、私たちがぶつかってきた諸問題は、常に私たちが提起した問題です。私たちは受験者である前に出題者だったのです。解決能力よりも優秀な、出題能力。新しい問題を導き出すという事実そのものが、私たちにとって、能力の伸長を意味するのです。私たちは出題しながら一歩、解きながらもう一歩、進んでいくのです。問題は、移行の中でのみ表れ出てきます。歩きながら問い、問いながら歩くこと。私たちはみな、路上の存在です。逆の場合もありうるでしょう。与えられた問題。試験にかけられた受験生。このときに問題が指し示すのは危機です。問題の出現は常に破局の兆候として読むことができます。人を当惑させるような形でやって来た問題との死闘！　問題の浸透を防ぐために門を締め切った私たちは城のなかの存在、つまり家の中の存在です。今、あなたが生きていくところはどこなのでしょうか？　今現れた問題は道すがら出会った友なのでしょうか？　城を脅かす敵なのでしょうか？

2　色

私たちにとって一般的なプログラムというものは存在しません。それは、自由や解放といった単語の一般的な用法が発見されないことと、理由を同じくしています。色という言葉がなんの「色」も持っていないように、一般的な自由や解放のなかには何の自由も解放も存在しません。私たちは赤と青、緑をより愛し、それがより重要だと考えます。今日の提案は、色についてのものです。さて、あなたは何色ですか？

3　提案

これまでのあいだ提起してきた問題は、集合的身体、特に集合的頭脳の創出に関連したものでした。個別的な点における限界を克服するために、私たちは互いを連結させようとしてきました。ネットワークの構築と共通概念の生産。研究室は複数の個体が集う空っぽの空間なのではなく、個体それぞれが新たに合成され、ひとつの身体としてあらねばならないということ。なによりも互いの頭脳は、スローガン的な次元ではなく実際の次元において、互いに接続されねばならないということ。だからこそ誕生したのが「友情の教育機関〝ケポイ〟[1]」だったのです。各自の知識を互いに疎通させること。個別的身体の限界を克服するために、疎通を極大化すること。キーワードとしての、疎通と接続。

集合的身体から特異的身体へ

ところで、私たちはいまや、集合的身体に特異性を付与したいのです。「疎通」と「接続」の位置に「表現」が入りこんでいくことを、そうして私たちの身体の生産物が「共通概念」を超えて「特異性」になることを望みます。骨がつながって筋肉がつき、血が通うといっても、私たちの身体が生命を得たというわけではありません。活動していない身体という問題。身体は活動によってのみ定義されます。多様なつくりをもったばかりでなく、いや、それ以上に多様な表現を持つことを、ひとつひとつの活動ごとに私たちの身体の特異性がそのまま表現されることを。キーワードとしての「表現」。

完成した活動、安定した新陳代謝

宇宙は諸事物の静態的な集合ではありません。さまざまな事物の動き（じっさい、事物そのものが動きなのです）があるたびに、毎回新たな宇宙が開かれます。一輪の花からも、子どもの笑いひとつにも、ひとつの宇宙が完全に開かれるのです、宇宙はその表情と同じくらい「多様に」存在します。私たちの研究室は、いつ開かれるのでしょうか？　私たちの研究室もまた、人々が集まっているという、由来の異なる個体たちが集まっているという事実によってのみ存在してはなりません。外の人々からみれば、ともに勉強し、ともにご飯を食べるということ自体が驚くべき事実であるかもしれませんが

（新聞も、外国からの訪問客もこれに驚くのですが）、人々をさらに驚かせるのは、そういった集合的身体が生産した、さまざまな特異性においてであるべきなのです。西洋哲学を専攻する者が東洋文学を見るということや、韓国の古典文学者がポストモダン哲学を見るということに、自負心をもってはなりません。私たちは未だ生産していないのです。私たちは未だ表現していないのです。その横断の結果物を。

「よい関係を構成すること」を超え、その「関係が表現すること」に関心をもたねばならないのです。全体をなす部分としての「あなたと私の関係」について悩むことを超えて、これからは「あなたが全体」であり「私が全体」であるような、そうして各々の存在や各々の活動がそのままその集合的身体の表現になることに関心を向けねばならないでしょう。ともに勉強することを超えて、ともに書くこと。十分に聞くことは十分に語ることにも劣らない。集合的身体の表現。College、汶湖里《むのり》(2)、雑誌、国際連帯の模索などなど。もちろんこのためには安定した新陳代謝が必須です。食事の準備、清潔さ、机の利用などにおいては「音をたてず」静かに。しかしこれは基本に対する無視ではなく、その基本的なことに対する高度な熟練を前提することです。あまりにも滑らかに流れ、音が聞こえないこと（鄭善太《ちょんそんて》の〝レクストン(3)―への生成《てぎ》〟）。かわりに、活動においては私たちを存分に露わにするような大きな声を（孫愛利《そんえり》―への生成《てぎ》(4)）！

組織から運動へ

いつだったかネグリは法廷で、アウトノミアは「組織ではなく運動」だといったそうです。以前、「地下組織」発表をするときにテレビでいつも見せてくれていた組織図を思い出せますか？　そういった組織図のどこかにネグリの名前を入れたがっていた検事にとっては、非常に戸惑わせる答弁だったことでしょう。検事であれ革命家であれ、組織を重視することに変わりないのです！

人々は組織を発展させることが、運動を発展させることだと考えています。組織を運動の主体であり単位であると考えるからです。しかしながら、ある組織が一糸乱れぬ体系を備えたとき、すなわち完成の瞬間が近づいたとき、私たちはその組織の敗北を予感するのです。組織は運動の基礎ではありません。むしろ組織の完成は運動の停止であり、運動の停止はまさに敗北を意味するのです。

マネージャー〔運営する側の人〕が多くなりました。維持し、運営するという問題で悩みも多く、しんどいという声もときおり聞かれます。ちょっと考え直してみましょうか？〈スユ＋ノモ〉がもっと大きくなりうるのか。組織の観点から見れば、ほとんど不可能に思われます。どれだけ多くの仕事が私たちを待っているでしょうか。それはまた、誰がするのでしょうか？　組織からの展望であるがゆえ、むしろ私たちの研究室の未来が制約されています。

しかし、組織ではなく運動から展望がひらけるなら、どうでしょうか？　汶湖里《むのり》はすでに組織の観点からは研究室とは別途に動いています。しかしながら同じ運動をしているのです。横の建物に小さな学校ができるのはどうでしょうか。水踰里も、小さな勉強部屋でした。今私たちが研究室に学校をつくることはできません。しかし、研究室の組織とは無関係でありつつも、運動の次元では同一であるような、そういう学校の誕生は、不可能なことではありません。水踰里の勉強部屋の横に、その母体があったわけではなかったように、私たちの研究室が母体として〈授乳《すゆ》〉をしてあげなくても、そういう学校は成長することができます。そういった想像を不可能にするのは、私たちの過去の思考です。私たちのコミューン主義は、組織（組織形態）から生まれた概念ではありません。それは運動の名前なのです。「私たちのコミューンをどのように育てるか」は、「私たちの組織をどのように育てるか」ではなく「私たちの運動をどのように展開するか」にならねばならないと思います。鍾路からソウルを緊張させるひとつの運動がはじまるのです！

訳註

（1）「ケポイ」は研究室の会員全員が参加する勉強会「ケポイフィリア」の略称。

（2）「汶湖里《むのり》」とは、ソウル郊外に作り出された共同体。自給自足の共同体を構想していたところ、郊外に一人で暮らしていたある会員の母親から、家が広すぎてもったいない、もし使ってくれるなら、という申し出が降って湧いてきた。使われないまま放置されていた部屋を安く貸してもらい、隣（といっても距離はある）に住んでいた牧師さんが、「自家菜園したいなら、ここを耕せばいい」といって、広大な土地を分譲してくれた。執筆室で勉強したり休養したり、畑を耕し野菜を育てた。小規模の合宿をしたり、週一度ソウルの会員たちも集まり、セミナーを開いたりもしていたという。運営上の都合によりいったん撤収することになり、現在は稼動していない。

（3）レクストン：「大韓民国一％の力」というキャッチフレーズでデビューした乗用車。馬力がありつつも静かに音を立てず走る高級車として売り出された。研究室「首席代表」を自称していた鄭善太氏の愛車である。静かに、あくまで静かに突き進む様子を指して、「レクストン－への生成」という。ちなみに「てぎ 되기」は何かに「なること」を意味する。

（4）孫愛利は人名。研究室の元一員で社会学専攻。非常に外交的でリーダーシップのある存在。昔、声優になりたかったというだけあり、大きく、隅々まで響き渡る声を持つ。大きな声で、活発に、自らを主張することを指して「孫愛利－への生成」といった。

われわれの言葉はわれわれの武器か？

高《こ》 酋《ちゅ》 長《じゃん》(1)

　ある者は一生懸命活動を「やらねばならない」という意味で「活動家の会」と呼び、ある者は「高等な《こどうん》」研究でもやってみようかという意味で「鯖の会《こどうんお》(2)」と呼び、またある者は年寄りたちがチマチマと集まる場だといって「養老院」だと呼ぶ、そんな会が研究室にあります。決まった時間を確保することができず（ホンマ、忙しい人たちだ！）、毎週、隙を見計らって開催しています。会の構成員はだいたい五年くらいは研究室で足をならしてきた人々で、自分なりに、何かひとつは「勉強」してきたと思っている人々です。最近、その会で各自の「夢」について、今後何年間の「研究計画」について発表する時間をもちました。今、何を考えており、どんな計画をもっているのでしょうか。気になるところでもあり、期待してもみたり……。

　結論。一言で、あいた口がふさがらない状態でした。信じられないくらい縮こまった姿のひとつを見たのでした。自分が今、誰かが話したようにすることは、本当に自分の姿だとは、信じがたいことだったからです。夢を語り合おうという時間ではないのか？ 大口を叩いても、たいがいのことは目をつぶってやろうというのが「夢」じゃないのか。しかし、私たちが聞いた抱負は、あまりにも小さかったのです。「大ぼら」さえ大きく鳴らすことができない人たち。私が神なら、何を悩むことなくその願いをかなえてやろうといえるくらいでした。そうしたとしても、世界には何の変化もないだろうから。本当に素朴な夢……。

私たちが知識を寄せ集め整理するという、取るに足らない楽しみにハマっている人々ですって？ 私たちが、一生懸命勉強して知りえたことが、「世界にはこんなことも」なんていうレベルさえ超えられず、同僚たちの前で発表するということが「あんた、これ知ってる？」レベルを超えられないなんて。私も博士論文を書きながら切実に感じました。昔の悪い癖が専攻の勉強に没頭するやいなやよみがえってきたことを。ニーチェが語った「蛭の脳髄の研究」のように、問いと答えが、その小さな蛭の脳みそを超え出ないのです。自身の生がよどんだ沼にはまっているなんて、考えもしないということですね。

今後の計画を語ろうじゃないか。「誰かについて整理したい」という人もいれば、「風景を描写したい」という人もいました。さながら実験室の科学者のように、自身の知的対象に西洋の近代性を適用させてみたいという人、そうして出てくるものを観察してみたいという人もいました。必要なのは、新しく紹介することだけだったようです。ここにも適用してみて、あそこにも適用してみて……。この時代が底につけば、あの時代に行き、この人をすっかり取り出したならば次の人を探し……。

世界を観察していきたいという人たちだけです。どういうわけか、世界を変えていきたいという人がいないのです。老いて死を前にしたミミズクじゃあるまいし、世間の見物人でもないだろうに、いったいどうしてそんな夢を見ることができるのでしょうか。神でさえ羨むであろう夢（神とさえ競い合えるであろう夢）。そんなものが私たちの夢であるべきではないでしょうか。

近代性。一九九〇年代、人文学をする人々が、ほとんどすべて近代性についてより多くを知っていたその時よりも、その時よりも、私たちは近代性についてより多くを知っています。しかし、今、私たちの近代性研究は、その時よりも力を失っています。戦士の思考と学者の思考の違い。戦士たちの思考が、たとえいい加減であれ恐ろしい理由は、それがすぐさま戦いに使われるというところにあります。学者たちの思考がいくら緻密であっても怖くないのは、それが彼／女らの暇つぶしのネタに過ぎないことがわかっているからです。誰一人として傷つけることができない（誰一人にも痛みを与えられない）思考。不穏さのかけらもない思考。世界に適応するために世界を理解する思考。そんなことを、なぜ、私たちがしているのか？

たとえば李珍景《いじんぎょん》が一七世紀のデカルトから一九世紀のカントまでを問題化したとき、九〇年代の誰もその理由をわからないということはなかった。ある者は不吉さを感じ、ある者は活路を見出したのです。フーコーは「ニーチェやアリストテレスを語り、一九世紀の精神分析やキリスト教の田園詩を評価するとき、聴講生たちはつねにそこから現在を照らす光、または当代の事件にたいする説明を導き出すことができた」といいます。現在を救い出すために過去へと走っていったのです。過去を救い出すことが現在を救い出すというのです。一九一〇年代でもいいですし、一九二〇年代でもいいのです。みなさん、いったいなぜそこに行ったのでしょうか。

文離滅裂な言葉たち。言葉の支離滅裂さ。少し誇張することが許されるなら、これが、火曜討論会やケポイで発表された論考にたいする正直な感想です（火曜討論会のマネージャーは、私たちの文章が雑誌掲載どころか資料集としてまとめられるレベルにも達していないといっています）。大部分の論考が完成されないままで提出され、甚だしくは、ある論考は問題提起もきちんとされていない状態でした。大学。どんなにつまらない場所でしょう。けれども、そこでもこんな論考は許されないでしょう。それでも、今、私たちの横でやりとりされているのは、大部分がそういった論考です。すべてが真摯な学問的表情を取り繕ってのものです。あまりにも情けないことです。私たちにとって真の「笑い」をくれる論考ではなく、「苦笑い」を浮かべさせる論考。私たちが生み出したとは信じられない私生児たちが、今日も私たちの子宮から溢れ出てきています。

これらのものは、ただ投げ出された言葉であって、触発する言葉ではありません。誇示するために書いたものであり（誇示にもなっていません！）、説得するために書いたものではありません。正直に言ってみましょう。今、私たちは自分の論考が相手を変えうる力をもつと、必ずやそうでなければならないと、心の底から望んでいますか？　文章を書いたから、それを受け取れとこの世界に命じることができますか？

鯖＝高等語《こどうんお》の会でも、火曜討論会でも、互いを刺激し、説得する文章に出会うことができませんでした。たかだか五日間の断想で五年を計画することはできません。これまでの五年間をどこに置き去って、ついこのあいだの五日間だけをもってくるのでしょうか？　深く植えつけられていない言葉が早く飛んでいってしまうのは、おかしなことではありません。深く植えつけられなかった考えが大きく育たない理由がわからないという人がいるでしょうか？　誰かが羨むかと、その小さくも小さき夢を胸に隠しておくのですか？　胸の大きさだけみてもわかるというものです。ぜひとも、倒れるべくして偉大な壁にぶつかって倒れましょう。壁もないところで倒れながら、そこを限界と呼ぶべからず！

外から人々がやってきました。彼／女はしばしば尋ねます。研究室の綱領は何だ、と。笑いながら、「ない」と答えました。というのも、そんなものに閉じこもりえないほど、私たちの移動はすばやく、潜在性は大きかったからです。最近も、人々がやってきます。彼／女らはしばしば尋ねます。研究室の綱領は何だ、と。「さて、何だったか……」と答えます。最近は……。人々はもどかしがってこのように尋ねます。今、世界をどのように見ているのか、こんな運動をしてみてはどうかと提案する人もいます。恥ずかしくて赤くなります。

必ずや時事的な事柄に耳を傾けねばならないというのでもなく、必ずや街頭に出ていかねばならないというのではありません。しかし、必ずやらねばならないこと。それは運動です。私たちは運動をしていなければなりません。私たちの学問が、いつの時代、どの地域、どの出来事に向かって行くのであれ、私たちは現在の生に介入するためにそのようにするべきなのです。

もう一度横断しましょう。私たちの思想をまだらな絵の具のパレットへと作り変える横断ではなく、怪物を作るために使われる珍しい材料を探し求めて遠い道をものともしない旅！　もう一度笑ってみましょう。しかし今度は今よりもはるかに不穏な笑みを浮かべてみましょう。「今、何を勉強しているの？」と尋ねる人々がいます。ぜひ、素材の発掘ではなく世界の発掘へと向かってくれるように願います。あなたが笑うとき、それが暇つぶしする学者たちのそれではなく、世界中が不吉さを感じる狂人のそれであることを願ってやみません。

ある時期、よく使いまわしていた言葉があります。「私たちの言葉は私たちの武器だ」。今、こう問いたいのです。「私たちの言葉は私たちの武器ですか？」。言葉のみを見ないでください。私たち自身を見ねばなりません。私が問うているのは「私たち自身が戦士なのか」です。私たちの言葉が私たちの武器であるかどうかは、私たちが戦士であるかどうかにかかっています。私たちが戦士であるならば、皆さん、今、私たちは誰と何のために戦っているのでしょうか？　（二〇〇五年一〇月一三日）

訳注

（1）高秉權による文章。「高酋長」という呼び名についてについては本書「序文」参照。

（2）コドゥンオは鯖を意味する。「高等《コドゥン》」と掛けた言葉あそび。

Ⅱ ようこそマシーンへ

ノマディズムと知識人共同体のビジョン

研究空間〈スユ＋ノモ〉についての人類学的報告書

高美淑《こ・みすく》

Ⅰ．敷居

今から五年前、わたしは三〇代後半の博士失業者だった。当時わたしの目の前にあった次のコースは大学に進出すること。しかしながら希望はなかった。一、二ヶ所トライしてみたものの万里の長城よりも頑強な壁を確認するばかりだった。わたしは唯物論者らしく（！）緻密に計算をしてみた。こんな風にずっと大学に進入するべく邁進するべきか？　でなければ幸せに暮らせる別の道を探って見るべきか？　経済的自立と学びの場――わたしは初心に帰って、教授になろうとしていたのはこの二つを確保するためであったことを思い返した。だとするなら教授採用に必死になって「精力を使い果たす（！）」くらいなら、いっそこの二つが可能な新たな領域を開拓するほうがましではなかろうか。

水踰里の勉強部屋はこのようにして始まった。

空間とは単に空虚な対象ではない。何が接続するかによって多様な活動を作り出す、一種の「機械（machine）」である。いったん空間が確保されるや全く予測されえなかった新たな諸関係が構成され始めた。最初のセミナーは近代啓蒙期の代表的な資料である『大韓毎日申報』講読セミナーだった。このセミナーは研究室が開かれた空間へと跳躍するのに決定的な役割を果たしたのだが、よくよく思い返してみるとそれが単なる偶然ばかりではなかったような気がする。そこに込められた異質で見慣れぬ複数の声は、以後近代性の系譜学的探索と結びつくなかで様々な方向へと伸び広がって行ったからだ。

そうこうしていたある日、ソウル社会科学研究所（ソ社研）が行う講座に参加することになった。そこで何か新しい方法論が模索されているという後輩の「アジ」にのせられたせいだった。最初はこれといった感応はなかったのだが、三度目に行った頃、まるで落雷にあったかのように感電した。マルクス主義と決別したと考えつつも依然としてその時まで手放せずにいたマルクスとルカーチから解き放たれうる新たな道が見えたとでも言おうか。あえて起源を探るならこの時がまさに〈研究空間「スユ＋ノモ」〉が孕まれた瞬間であると言ってもよい。——偶発的な、あまりにも偶発的な出会い。

その時から約一年間わたしはソ社研の忠実な学生であった。稲妻のエネルギーを吸収する避雷針になろうと心を決めていたのである。欲望する生産、脱領土化と再領土化、ツリーとリゾームなど見慣れぬ用語群が一時眠り込んでいた情熱に火を付け、李珍景《い・じんぎょん》、高秉權《こ・びょんぐぉん》という「稲妻ブラザーズ」のプリズムを通してフーコーとドゥルーズ＝ガタリ、ニーチェら新たな師に出会った。それとともに韓国の近代性についての探索も新たな地平を確保することができた。近代性の系譜学的探索を超えて「近代の外部」、つまり「脱近代」を公案として挙げることができたからである。

その年の冬に開かれた高秉権のニーチェ講演を皮切りに水踰里の勉強部屋とソ社研との接線にも加速度がついていった。翌年、李珍景による『言葉と物』と『千のプラトー』講座が引き続けられるなかで国文学と現代哲学というきわめて異質な二つの学問間の交流が活発に進められた。それとともに非常に距離のあった二つの集合が混ざり合う「奇妙な可逆反応」が起こることとなった。そしてそれは水踰里の勉強部屋が一つの敷居を越えるにあたって決定的な役割を果したという点で一つの「出来事」であると言ってもかまわない。

『言葉と物』との出会いは衝撃そのものだった。文学、生物学、言語学、経済学を自在に行き来しつつ古典主義時代以降のエピステーメーの変換を扱う彼の博学と優れたレトリックは驚きを超えて驚異でさえあった。一方、『千のプラトー』との出会いは痛いほどに強烈で、またそれほどに甘美だった。千のプラトーの千（천）が天（천）なのか布（천）なのか悩むほどに思考はこんがらがり、ドゥルーズ／ガタリを一人の人物と誤認したこともあった。しかしところどころキャッチされる思惟のスペクトラムは一言で言って魅惑的だった。フーコーもそうだが彼らの縦横無尽ぶりは雑多な遍歴とは質を異にしている。坑夫のように地層を探査する猪突猛進のエネルギーとそれぞれの地層を貫通する遠大なビジョンを同時に含んでいるという点においてそうなのだ。

以後、『千のプラトー』と研究室の縁はモウセンゴケほどにもくっついて離れることがなかった。

大学路《てはんの》のYビルで一度、そんま（석마）ビルでもう一度講座を開き、それをテープ起こしして昨年（二〇〇〇）ヒューマニストから出た本が『ノマディズム』一・二巻である。一言で言って『ノマディズム』にはわが研究室の歴史がそっくりそのまま込められているわけだ。人は問う。私たちの理念は何かと。いや、それ以前にノマディズムが私たちの理念なのだろうとみなしている。その通りだ。しかし私たちはノマディズムを愛するのみ、それを理念的支柱として持ち上げたりはしない。私たちはノマディズムの使い方を体で、生を通して身につけたい。私たちに必要なのは〈千のプラトー〉の使い方、〈ノマディズム〉の応用であるのみだ。道はどのみち私たち自らが直接開かなければならないのだから。

一年が過ぎていくなかで本格的に公開講座が開かれる一方、近代啓蒙期セミナーが韓中日を渡り歩く「東アジアの近代性」プロジェクトへと「アップグレード」されるなか、人々でごった返し始めた。それとともに水踰里を去る時が徐々に迫りつつあった。

Ⅱ．脱走

1　サイボーグになること

研究室に初めて来る人たちが一様に尋ねることが一つある。どうやって運営してるんですか？　後援者がいるんですか？　答えは？　会費で運営し、後援会はありません。さらに一言付け加える。「お金に余裕があったことはありませんが、お金のために何かができなかったこともありません。」

現在の苑南洞《うぉんなむどん》の研究室は三階建てで全体が約一三〇坪ほどになる。賃貸保証金七〇〇〇万ウォン［約七〇〇万円］に月々の家賃が七〇〇万ウォン［約七〇万円］余り。もちろん人件費を含めれば約一〇〇〇万ウォン［約一〇〇万円］くらいになるだろう。今は教授も複数いるが、少し前まではアルバイトで延命する非常勤講師と大学院生、あるいはフリーターが主であったのに、こんなものすごい支出がどうやって可能なのか。かといって富裕層の子弟が多いわけでもない。それどころか（オールド）ミス家長、中下位層が主流である。それなのに研究室が正常に運営されるというのはミステリーではある。もちろん最初からこうやって始めていたら絶対に不可能だっただろう。敷居を一度に跨ぐのは難しいが、一つずつ越えるのはそんなに難しくない。大概の場合一度に何かの頂上に行き着こうとするからただの一歩も踏み出せないのだ。

水踰里の勉強部屋の運営はそれこそ原始的なレベルだった。個人の執筆室だったから当然私が全体を負担した。月々の家賃と食べ物の提供を含めておおよそ月当たり六〇万ウォン［約六万円］余りを使っていたように思うが、そのくらいのお金で数多くのセミナーの仲間たちを呼び集め、高秉權、李珍景の「稲妻ブラザーズ」とバンドを組み、道端で知識を伝播するのに必要な様々な能力を得ることができた。もし私が毎月六〇万ウォン［約六万円］ずつの積立て貯金をしていたら一年に約七〇〇万ウォン［約七〇万円］ほど溜まっていただろう。しかし、果たしてそのお金がそれほどの知識と能力、さらにはそれだけの幸福を私に与えてくれただろうか。絶対にそんなことはない。せいぜいアパートを一、二坪広くするぐらいのものだっただろう。しかし私は初めから実に儲かる商売をしたことになる。これが「私の元手計算法」である。この計算法は今まで変わりなく維持されている。

大学路のYビルに進出する頃から〈水踰研究室〉と〈研究空間「ノモ」〉の「ぎこちない同居」が始まった。いったん保証金二五〇〇万ウォン［約二五〇万円］は三人が負担し、月々の家賃は二つの団体が6：4くらいで分担することにした。そして公的運営へと転換するためにいくつかのルールを決めた。まず水踰里の頃から講座を聞いていたメンバーには講座を無料で聞くかわりに毎月一般会費を払うことを提案した。一講座当たり普通八万ウォン［約八千円］くらいだから毎期聞くとすれば三二万ウォン［約三万二千円］。それを基準にして月三万ウォン［約三千円］以上という基準が設けられた。まだ正規のメンバーとなるには早い新入セミナー会員の場合は一月に一万ウォン［約千円］。もちろん幾つのセミナーに参加するかとは無関係に一律に適用した。今に至るもこのルールは大きな変動なしに続いている。

講座収入は幹事費と運営費若干を除いては全額講師に支払うやり方を採った。講座と運営を分離する一方、成果による差等支払い方式を採ったのである。運営費を講座でまかなおうとする場合、講座を通した新たな実験は不可能だろうとの判断によるものだった。ところが興味深いことにこの時から「特別会費」という項目が浮かび上がり始めた。興行に成功した講師の場合、講師料の一部を再び運営に充てる慣習が自然発生的に（？）定着するようになったのである。近頃も講座シーズンになると、講座担当者たちは講師料を一文でも多く出すために妙案を練り、講師たちは少しでも多くの特別会費を出すために競争する珍風景が繰り広げられる。一種のポトラッチゲームが繰り広げられるのである。こんな具合の循環がこの間の研究室を引っ張ってきた経済的原動力でもある。ただその後、全体収入の一〇％を空間使用料として研究室運営に充てる制度が追加され、講座マネージャーたちに人件費が支払われるようになるなかで講師料の間の貧富の格差は自然と縮まっていった。しかしながら講座と運営を分離する原則、そして講義を通した新たな知的実験という大原則は変わらなかった。

大学路のYビルがごった返すようになる頃、もう一度転換点に至りついた。その時出会った空間がそんまビル五階の六〇坪。マロニエ公園のすぐそばなので立地条件は一層よくなったわけだ。そんまビルへと引っ越す際に合体が決議された。講座やセミナー活動が活発になるなか自分の所属が「水踰」なのか「ノモ」なのか混乱する人が増えたからである。〈水踰研究室＋研究空間「ノモ」〉という長い、が、どこで切って読んでもいい長い名前が誕生した。

最初はそんまビル五階を三つに分けていたのだが、両側が常勤者の部屋で真中がセミナー室兼食堂。ついに昼食と夕食の二食を解決することができるようになり、そして何より画期的なのは卓球台が登場したという事実である。卓球台を食卓兼セミナーテーブルとして使うわたしたち固有の（？）伝統が整えられた。かくして食事（食事代は最初は一〇〇〇ウォン［約一〇〇円］で、現在は一八〇〇ウォン［約一八〇円］）のみならず運動までも解決された。この二つは研究室のメンバーを飛躍的に増加させた。能動的な知識生産のためには何よりも日常の共有が必須である。近代以前には師を求めて天下をさすらい、一旦師に巡り合えば寝食をともにし、掃除から学ぶのではなかったか。すべからく日常が混ざり合ってこそ名実共の学びが可能となる。食卓と卓球台がまさにそのような役割を果たしたのである。

そうこうしていると家が遠い場合には研究室で徹夜作業をすることが多くなった。しばらくして常勤者部屋の片隅に睡眠部屋を作ることになった。こんな具合に人が空間を作り、空間が人の活動を変容させる物理的相互作用が休みなく起こり続けた。四階へと拡張することになったのも同様である。活動のレベルが上昇するにともない講義空間、常勤空間がさらに必要になった。一年足らずで四階の空間に進出し、最初は三分の二だけを使っていたが夏が過ぎる頃には残りの部分も接収してカフェが誕生した。カフェが作られることで打ち上げに消費される費用が節約されるようになったのはもちろん、音楽、美術、映画など非日常的文化活動の幅も広くなった。

振り返って見れば、そんまビルの頃は空間を活用するありとあらゆる実験と試行錯誤の時代であったように思われる。はっきりした目標や方向があったわけではないが、空間が変わるとともに新たな関係が増殖し、そういった諸関係が再び空間の変化を導いた。とりわけそんまビルに引っ越した年の秋、待ちに待っていたホームページが誕生することでオンラインにまで空間が拡張された。

もちろんこの過程と並行して保証金と月々の家賃も上がり続けていった。多分人々はこの増額がいかに成し遂げられたのか知りたがるだろう。保証金は当時九五〇〇万ウォン［約九五〇万円］だったのだが、私と李珍景さんが分担した。(1) 月々の家賃の場合は一般会員が払う会費、セミナー会費、そして特別会費から充てた。興味深いのはこの諸項目のうちどれ一つとして固定されていないという点だ。

一般会費納付率はほぼ一〇〇%に近いものの、三万ウォン［約三〇〇〇円］以上を自律的に決めるものであるうえに、途中で活動ができなくなるケースが発生するため常に若干の変動がつきまとう。セミナー会費もシーズン毎に変わるほかなく、特別会費は特別な活動に伴う贈与であるためなおさらである。一言で言って不確定システムなわけだ。しかしながら規則性が全くないわけではない。活動性と会費納付率が正比例することははっきりしているからだ。したがって一見すると相当に不安定なように見えるものの、毎月の活動のレベルを私たち自身がチェックすることができるという点でむしろ興味津々たるものでもある。不思議なのは研究室が引越しをしたり空間を広げるたびに予期せぬ活動が構成されて少なからぬ企画費や編集料が突然「転がり込んできた」ということだ（グリンビー出版社のリライトシリーズが代表的な例）。言うなれば空間と活動と関係が同時に増殖する幸運を味わったのである。

そうこうするなかで悟ったことが一つ。所有に対する執着を捨てるほどに物質的循環は活発になされるということ。それは集団的次元であれ個別的次元であれ変わりない。私は研究室に最も多くのお金を投資し、月会費も最も多く払っている会員である。とはいっても都市中産層の生活水準を基準にすれば実に微々たる金額だ。しかし私はその程度のお金を投資して大学や本では決して学び得ない物凄い知識に接することができ、多様な種類の文章を書く能力と生のビジョンを確保することとなった。換算不可能な諸価値の氾濫！　共同体的関係がまさにそのような物凄い利潤を可能にしてくれたのである。私でなくとも多くの会員たちがこのような増殖を体験しているだろう。

自分が生まれ持った能力だけで生きていくのは愚かなことだ。他人の能力を積極的に活用すれば私が持っている何十倍の能力を思いのままに使いこなすことができる。一例として、うちの研究室には中国通が多い。そのため私はその気になりさえすればいつだってそのネットワークに加わることができる。言うなれば彼／女らの存在は私の潜勢力でもある。サイボーグの身体がまさにそうではないのか。望みのままに複製し、変異し……。中国語の基礎から始めてその境地に至ろうと思ったら私のとろい頭ではおそらく来世を期しても足りないだろう。しかしそういう友人と付き合っておけばその能力はいつだって活用することができる。知識のみならずコンピュータ、音楽、彫刻など、どれだって同じことだ。各方面の名手と友達になっておけばそういった諸能力は「私の」も同然である。それを積極的に活用して再び共同体に循環させればよい。生まれ持った才能は平凡だがやりたいことは多い人たちにぜひともお勧めしたい戦略である。――「サイボーグになること」。

こういう計算法をもう少し広げてみると人生全体が一度に解決される。この時代の中産層が財産に執着する理由は大きく言えば、子どもの教育と老後対策である。これを確保するためにアパート、中型自家用車、各種保険などに全力投球するのである。しかしコミューンを構成する場合、そんなに多くのお金を貯蓄するためにじたばたする理由は特にない。どうしても一流大学に入らせなければならないという欲さえ捨てればコミューン的関係を通して子どもたちにいくらでも幸福な幼年期と将来を保障してやることができる。老後の対策も同様だ。人々が老後対策に執着する理由は仕事とともに全ての親密な関係が消え去るかもしれないという不安感にある。年を取っても持続的に追求することのできる仕事があり、それを通して多様な関係を構成することができるなら問題は簡単に解決される。

結局これ以上に完璧なバッティングはないことになる。そしてそれこそが資本の堅固な網の目から脱走する近道でもある。

2　贈与と循環

「誰であれ友に対しては／友でいなければならず／また贈り物に対しては／贈り物で応えなければならない／笑いに対しては笑いで応え／嘘に対しては詐術で応じなければならない」北欧の古代詩エッダの一部だ。モースの『贈与論』の冒頭を飾るこのテクストは研究室の経済的原理とも一脈通じるものがある。

研究室の物的土台のうちの一つは贈り物である。名付けて贈り物の経済学。いま研究室にある物のうち八〇％以上がプレゼントされたものである。引越しをするたびに、空間を広げるたびに、どこからか机やら本棚、テーブル、エアコンなどなどが流れ込んできた。贈り物はお金で買った物とは全く異なった感覚を呼び起こす。マオリ族の観念におけるように物たちには贈与者の霊的な気が込められているからだろうか。それは元の場所に留まらず、円環運動は止むことがない。贈り物とは「それによってあるものが現れ、その関係が動く」（デリダ）ことのできる、まさにそのようなものである。

外部から流れ込むものだけでなく、内部で発生する贈与の怪力（？）も少なくない。最もいい例が鄭善太《ちょん・そんて》の本とLPの寄贈である。鄭善太は、本という本はとりあえず所蔵《そじゃん》しておく「少壮学者《そじゃん》」であるとともに、飯を抜くことはあってもLPは買わずにはいられない「重症マニア」である。青春をすべて捧げて集めたわが子にも等しいものを彼は惜しみなく研究室の資料として提供してくれた。三階の資料室を覗いたことのある人ならわかるだろうが、少なくとも東アジアに関する限りどんな大学院であれこれだけの資料を備えておくのは容易でないだろう。こんな風に四方から流れ込んでくる物たちが研究室のここかしこを満たしている。

一時はこの記憶を集めて「贈り物の歴史」を書こうとしたこともあった。今後、具体的な内容は徐々に忘れられていくだろう。とても多いからでもあり、真の恩返しは贈り物の主体を憶えておくところにあるのではなく私たち自身がそういった循環に加わることにあることに気付いたからだ。「それ自体は何でもないが、何でも可能とする、まさにその無限の可能性」としての贈り物。考えてみると、贈り贈られるメカニズムを自然に身につけるようになったことこそ、研究室がみんなに贈ってくれた最大の贈り物であるようにも思われる。

少々厚かましく聞こえるかもしれないが、贈り物をもらうのも能力である。相当な肝っ玉がなくてはこの多くの贈り物をもらうことはできない。返さなければならないという強迫に囚われるからだ。私たちがこういった贈り物を「まめに」もらうことができたのは、そういった強迫から自由であったからだ。どのみちプレゼントしてくれた人にそっくりそのまま返す方法はない。可能だとしてもこれといった意味もない。そのかわり、その贈り物たちが可能にしてくれた能力と幸福をより多くの人々と分かち合えばよい。贈与とはまさにこういうものだ。贈り贈られる行為が噛み合って新たな、そして強烈な流れを作り続けていくこと。流れが流れを呼び、遠くへ遠くへと広がって行くこと。そのなかで主体と対象は消え去る。ただ贈り物が呼び起こす効果が存在するのみ。

　お金がなかったらどうするのかって？　全然心配する必要はない。贈与とは物質的なものばかりではないからだ。お金がなければ別の活動を分かち与えればよい。料理や掃除、おやつの準備など、体でできる多様な活動に加わること、セミナーゲリラになること、人々と能動的に接続すること、明るく笑うことなど、こういった全てが贈与の一種である。ポリネシア人たちのポトラッチゲームにおいて交換されるものも経済的に有用なものばかりでなく、「礼儀、饗宴、儀式、軍事的な奉仕、踊り、祝祭」などだというではないか。したがってこの贈与のメカニズムには、階級的、性的、知的な差等に関係なく誰でも加わることができる。インディアン呪術師ベアハートは言う。「私たちは生きていきながら何かを与えることができる。背景がどうであれ、学問の水準がどうであれ関係なく」。それゆえに「私たちはどんな状況に置かれていようと何かしら与えることができるものを探している。そしてそれは今から十年後ではなく今まさに与えられなければならない」と。まったくその通りだ。与えるものが何一つないほど貧しい人もなく、これ以上もらうものがないほどに豊かな人もない。贈り贈られる流れには位階も、境界もないということだ。それとともにこのような目に見えない贈与も循環すればするほどますます旺盛なものになるというのが特徴である。活動性が大きければ大きいほど、下心なしに分かち与えれば分かち与えるほどその主体はさらに大きな活動と関係の場のなかに入っていくため、能力が増大するのは極めて当然の理である。他人のための配慮から最も恩恵を被るのが自分自身になる、この奇妙な逆説。これを体験せずにはまだまだ「コミューン的主体」とは言い難い。

とりわけ食べ物はさしてお金がかからないため誰でも常時実践することができる。一階の厨房と二階のカフェの掲示板には食べ物の贈り物についての記録が常に絶えることがない。私たちはそれを特に托鉢と呼んでいる。最初に厨房が登場した時には全羅道《ちょるら》、慶尚道《きょんさん》、江原 道《かんうぉん》など全国各地から米が配達されたこともあった。苑南洞に来てからお披露目パーティーをする時もものすごく多くの米をプレゼントしてもらった。食べ物ほど感動の効果が大きいものもない。贈り物の歴史が始まったのもそこからである。

こんな具合に「贈り贈られる」伝統はついに物々交換にまで至った。そんまビル時代に一度はカフェのマダムたちが中心になってバザーを開いた。捨てるには惜しいが使うわけでもない物が色々な所から集まってきた。多くの人々がショッピングからの解放を味わった。まだまだ素朴なレベルだが、私はこういう循環式システムこそがノマドの政治経済学だと思う。物が天地に溢れ返っているのに人々はそれを活用する術をしらない。それで再び物を廃棄するのに必死にならなければならない悪循環が繰り返される。このうんざりする反復を断ち切りたければまず物を解放せよ。生がはるかに軽くなるだろう。家族と恋愛が人を捕らえる重力装置であるとするなら、所有に対する執着は自分の体を縛り付ける鉄鎖である。贈与については想像もできないままに、贈り贈られる行為が血縁の垣根を越ええない冷め切った「計算機械」たち！　そんな体では他人はおろか自分の生も救うことはできない。そのような点において脱走とはそれほど大仰なスローガンではない。単に身軽になること、富と財とは遠く離れている誰かに譲り渡されるべく暫し自分の元に留まっているのだということに気付くことである。今こそ堅固な資本の城壁を横切る軽快なステップの時代が到来しつつある。二千五百年前に仏陀が托鉢に出る弟子たちに仰った。――「ただ翼の重みのみで飛ぶ鳥のように行け！」

Ⅲ．配置

1　痕跡を残さない

研究室の日常の倫理的配置が構成される源泉は厨房である。食卓を共有するということは幸せであるほどに大変なものでもあるからだ。厨房綱領第一号――食べ物を残さない。ここで残さないという鉄則は汁やソース一滴、米一粒に至るまでをいう。要するに食器をご飯を食べる前とほとんど同じ状態にしなければならない。この倫理を定着させるためにおおよそ二〇〇〇回ほど小言を言ったように思う。最初は単に食器洗いを楽にするためのものだった。二〇人分ほどの食器洗いを一度にせねばならず、そのうえ当時は厨房が別にあったわけではなく階毎にあるトイレを利用しなければならなかった。だから可能な限り残飯を減らさなければならなかったのである。その後、考えがもう少し進んだ。その頃は大部分の食べ物が「托鉢」だった。そのありがたさを表現する方法は最大限きれいに食べること以外にはなかった。食事の度に、いかなる真心と贈り物、そして労働力が投入されたのかが一目でわかるので残飯を出してはいけないという思いが自然に湧き起こったのである。こういった無形の恩返しを見逃していては贈与はそれ以上成り立たなくなる。インディアンたちによれば、何かをもらうということはその人の魂の一部を受け取ることである。贈与が単なる物質的分かち合いに留まらず、人間と自然、人間と人間の間の対話の場へと進んでいくことができるのもそのためであるはずだ。また食卓の経験が高められるなかで食べ物は豊かでも料理過程は可能な限り簡潔でなければならないという結論が導き出された。料理が大変な労働になっていては、料理と料理以外の活動を同時に行うことが可能でなくなってしまうからだ。肉食を制限したのも同じ文脈にある。数十人、さらに百人を超える人が心置きなく食べることができるためには脂っこい食べ物よりは淡白な食べ物が絶対的に有利である。もちろんその過程で肉食と近代文明の緊密な連関を自覚するようになり、その残酷な連鎖を断つのに少しでも寄与することのできる食べ物の実践もまた共同体の倫理的役割であるという思いがさらに強まった。

このように規則は規則を産む。このような原初的体験を基に自家発電された倫理的綱領こそが「痕跡を残さない」である。この原則は厨房のみならずあらゆる活動に適用される「汎研究室（!）」レベルの規則である。共同体になるためにはその空間は空いていなければならない。空いていてこそ外部に向かって開かれるようになる。そして空きの第一義的な表現が清潔に他ならない。清潔でなければ変異は可能ではない。空間を単に一つの機能としてのみ使うとすればそれは本当に浪費である。しかしこれにもなりあれにもなるなら空間は二倍、三倍に拡張される。

そんまビル時代、五階を三つの空間に分けて使っていたが、真ん中の空間は食堂兼セミナー室兼卓球場だった。卓球台の上にテーブルクロスをかけてご飯も食べセミナーもしたのだから空間の機能は極めて多かったことになる。こういった諸機能を円滑に回していこうと思えば清潔と機動力以外に方法はない。料理し、食事し、その後には嘘のように元の状態に戻しておかなければセミナーや講座がきちんとなされようがない。もちろんこの過程は一度に成し遂げられるものではない。会員ごとに観点が異なっているため多くの紆余曲折を経て、その年の冬、ついに研究室の倫理についての指針を発表するに至った。〈研究室がコミューンになろうと思うなら〉というタイトルの文書なのだが、空間に関わる部分はこのようになっている。

空間の清潔さおよび変異能力について。空間がなぜ清潔でなければならないのか？　それは空間―機械を活用する最も易しくかつ明らかな方法であるためだ。修行者たちの庵、あるいは貧民街の貧民活動家たちの古ぼけた家に入ってみよ。少しも不便でないどころか、実際よりもずっと広く感じられる。理由は清潔で素朴だからだ（無所有と窮乏の差異！）。空間に関わって外部性とは外部者たちをどれだけ受け入れることができるかという具体的な事案である。見慣れぬ人が来て空間に好意を抱きうる最優先の方法が清潔と親切以外に何があろうか？　とりわけ複数の人がともに用いる空間は無条件に（！）清潔でなければならない。それでこそ卓球台やセミナーテーブル、あるいは食卓などへと変異することが容易となる。汚いということは空間を縮小させ、変容可能性を低めるという意味で「無能力」の別名でもある。

もう少し付け加えるなら、痕跡を残すということは単なる無能力を超えて、他人の労働を無償で占有するものであるという点で一種の搾取だ。言うなれば、「代わりにお前が片付けろ!」という命令を下すも同然である。コミューンを構成したいなら、少なくともこのような搾取と命令の習俗からは脱しなければならないのではなかろうか。

さらにそれは私たちの日常が広い世の中と繋がっていることを自覚する方便という意味も持っている。私たちが携帯電話を買い換えるごとにその材料であるコールタンの原産地であるアフリカではゴリラたちの棲息地が侵奪されているという。つまり私たちの日常はすべからく生態系に対する無慈悲な搾取を通してのみ維持されているわけだ。「痕跡を残さない」というのは、このような見えざる生態的負債に対する自覚、そして絶え間なくそれを減らそうとする実存的決断の第一義的な表現なのである。

2　座って遊牧する

苑南洞の研究室三階の勉強部屋の基本ルールは「机の上で遊牧する」である。もう少し多くの人々が、もう少し自由に空間を活用することができるよう配慮したのである。「痕跡を残さない」という原則と同じ延長線上にある。重要なのは、単に机の上だけでなく研究室においてはどこでも遊牧を実践しなければならないという点である。名付けて「座って遊牧する」。

研究室が大きくなるにつれて様々な、多様な活動が構成され、徐々に分化が加速化している。最初は一人二人が様々な活動を一手に引き受けてやっていたが、それは望ましくも能率的でもなかった。場と同様に活動などでも一個人の痕跡が目立つと、すぐに別の活動およびメンバーたちとの間に隙間が生じるものだ。一つの活動を通して研究室全体とコミュニケーションしようというよりは、その活動をブロック化しようという習俗が意外に強力だからである。最初は主に働く人たちと仕事に加わらない人たちの間の壁が問題となったが、後には働く人たちの間の壁が厚くなるのが問題だった。ひどい場合、仕事を多くすればするほど人々と仲が悪くなる不運なケースまで現れるようになった。解決方法はやはり遊牧的配置。一、二タームを基準に幾人かが順番で担当するやり方を取るほかなかった。活動の深度が弱まる面もないではないが、見方を変えれば多様な活動を体験することで個人によっては「マルチタスク」能力を身に付ける例も少なくなかった。

絶え間なく変異を追求しつつ、活動ごとにアクセントを付けることができてこそ外部とコミュニケーションする能力が増大する。共同体の生命は外部とのコミュニケーション能力である。共同体が失敗する様々な理由のうちの一つが「自足的」であるというところにある。自足的であるというのは自己の境界を固定させるという意味であるが、境界が明瞭になるほどに活動エネルギーが萎縮するのは避けようのない物理的法則である。

「テクストは外部の襞である」。人間も同様だ。どんな出来事、どんなことと接続するかによって多様に変異、生成する。関係の変異が随時起こっているのに私という固定された主体がどこにあろうか。研究室が他の組織と区別される地点もまさにそこにある。たいがいの組織は組織体系表を描くのに全力投球する。上部から下部まで、どんな地位を設定するのか、そしてそれをどうやって学閥、地縁、世代によって適切に按配すべきかが最大のキーポイントとなる。そんな具合だから実際に実践すべき活動はお粗末になるものだ。

それに比べれば研究室の組織体系表はやりたい放題に近い。特別な職位と言ったところで厨房マネージャー、会計幹事、カフェのマダム、講座マネージャーなどがいるくらいだ。これが職位であるわけは会員たちを管理する能力と責任が求められる位置であるということ、そして最低限の人件費が支払われるという理由からだ。おおよそ任期は六ヶ月程度だが、個人的な事情によって、活動の担当如何によって柔軟に適用される。この他にもボランティアの形でなされる活動は非常に多い。ブックカフェのマネージャー、火曜討論会のマネージャー、トイレ掃除担当、各階空間担当など。これらもまたはっきりした位相があるというよりは時期により、担当者によりその性格が変わり続けるのが一般的である。だから一言で言って固定されたルールはないのである。

ゆえに既にある活動に活力を与えたり新たな活動を構成することができるなら研究室は無限の可能性の地平となるのであり、そうでない人々にとっては何をどうしたらいいのか分からない、捉えどころのない怪物のように映るだろう。「私たちのコミューン主義は組織（組織形態）から出てきた概念ではありません。それは運動の別名なのです。「私たちのコミューンをいかに育成するか」は、「私たちの組織をいかに育成するか」ではなく、「私たちの運動をいかに展開するか」にならなければならないと思います。鍾路《ちょんの》からソウルを緊張させる一つの運動が始まるのです！」苑南洞のお披露目祭の際に高秉権が発表したメッセージの最後の部分である。

そうだ。座って遊牧するとは、このように始まりも終わりもない。もちろん対象も、主体も別にあるわけではない。ただ無数の出来事の生成があるのみ！　ゆえに真のノマドとは草原を逃走する者ではなく、自分の立っている場を牧草地へと、ステップへと作り変えることであるはずだが、私たちは鍾路からソウルを、いや世界を緊張させることができるだろうか？

3　N個の性

研究室には勇猛無双、威風堂々たる女性たちが多い。大きい声、荒っぽい足音の主人公もみな女性たちだ。時にはこのままではみんなの「女性性」が去勢されてしまうのではないかと心配することもあったが、今は考えが変わった。女性性とはもともとそういうもの――勇猛、果敢、滑稽、凛々しさ――であると思うようになったからだ。いや、さらに言うなら女性性なるものが別に存在しているのだろうかという気もする。男性性も同じことだ。よくよく見れば研究室の男性たちは全然男性的でない。繊細にすぎて過敏で、すぐいじけ、何かと言うと傷つく「清純可憐」系は数知れない。キムチ漬け、刺繍、おしゃべりなどお母さんたちの特技を研究室では主に男性たちが担っている。かといってそれが女性性であるというわけにもいかないではないか。結局、女性性、男性性なる実体は存在しない！　ただ多様な特異性を持った諸個人がいるばかりだ。これはなにもたいそうな理念や哲学から導き出されたものではない。たんに一緒にいることを通して自然に得られる経験的知識であるのみである。

この間研究室でも少なからぬカップルたちが「明滅」していった。そのなかには成功裡に結婚へとゴールインしたケースもあり、途中で決別したケース、カップルのブラックホールに陥ったケースなど様々なケースがあった。恋愛に対する私たちの倫理的態度は極めて単純である。恋愛の自由を思うさま享有せよ。ただしそれによってコミューンの流れを堰き止めるようなことはするな。流れを堰き止めるケースは二つある。カップルのブラックホールに陥って別の諸関係から孤立して島になってしまうもの。もう一つはカップルの間のトラブルが他の活動の障害要素になり続けるもの。このようなケースでさえなければいかなるものでもOK。それが生の能動的滋養となるか、あるいは受動的に後退させるかはただ自己の選択にかかっている。

正直言って日常を共有していると恋愛はこれといったイシューたりえない。関係がそもそも多層的に構成されているため恋愛感情が特化する余地があまりないからだ。そのかわり男と男の間、女と女の間、あるいは男と女の間に多彩な感情の流れが生起する。ありとあらゆる人間群像が混ざり合っているからである。上述したようにともに集まって暮らしていると性的主体性というものは本当に空虚極まりない。そしてそれは極めて当然なことでもある。女性として、男性として生きている人間がどこにいるのか。実際に現れるのはあれやこれや交じり合った「カオス的主体」であるばかりなのに。また私たちのように脱領土化された集団では自分もよく分かっていなかった多様な性的特異性が発露するものである。「N個の性、N個の主体」が作り出す複数の生の諸形態――私たちが目指す性倫理の基盤は多分このように要約できるだろう。

4　ユーモア、コミューンの原動力

周知のように研究室には差別がない。世代、学閥、地縁など、この社会を分割する線がここではこれといった影響力を行使しえない。しかしただ一つ差別がある。それがまさにユーモアの能力である。ユーモアを粋に使いこなせば瞬く間に大衆の視線を一身に浴びる。その一方、いかに優れた才能があるといってもユーモアがだめではイジメはもちろんのことひどい場合政治的弾圧（？）を受けることもある。一般に共同体といえば理念と世界観を共有するまじめな集団であると考える。しかしながら厳格さとまじめさは共同体の致命的な弱点である。そういう共同体は内部的には位階が作動するようになり、外部に対しては境界が鮮明で停滞するほかないからだ。どんな種類であろうと、どんな記憶を持っていようと私はコミューンが生きて動こうと思うなら「ユーモラス」でなければならないと思うのである。笑いこそが日常の祝祭を作り出す基礎でありコミューンの原動力であるからだ。

冗談も言えない人はどうするのかって？　全然心配する必要はない。私たちのいうユーモアとは特別なテクニックではなく、進んで人々を楽しませる準備ができている「鋼鉄のごとき明るさ」をいうのである。成功事例をいくつか紹介しよう。

李珍景さんの別名は冷却機動隊隊長である。日常的対話に哲学的概念を織り交ぜる習慣を風刺（？）すべく付けられた名前だ。ところがこれはどうしたことか。最初は呆れていたかと思えばいつの頃からかそれを特許商品か何かのようにぶら下げてまわっているではないか。寒い冗談を言ってみながぽかんとした表情になると一層寒い言葉で周辺を凍りつかせては「私の別名は冷却機動隊です」と言って一人で笑っている。その時になってみな抱腹絶倒する。寒いのをさらに寒いので昇華、克服し抜くのである。まったく「熱を以って熱を制す」なら聞いたことがあるが「寒を以って寒を制す」なんてのは生まれて初めて見た。

私たちには年末ごとに「インディアン式」に名前を付けてその方面の最高の名手に賞を出す制度がある。例えばこんなのだ。「コピーブラザーズ（本を買うよりはコピーの方に熱狂する人たち）」、「俺たちに明日はない（昼間は意気消沈しているが夜にさえなればわがもの顔で盛り上がる黒バラたち）」、「ぶつくさスマーフ」、「沙悟浄（いつも外野で煽る人たち）」、「東ピ西ピ（東にピカリ西にピカリと落ち着きなくほっつきまわる人たち）」、「何でもするな（仕事の手はむやみに広げるが後始末ができない人たち）」、そして「冷却機動隊（またはアイスマン）」。受賞者は会員たちの投票によって決定される。李珍景さんは冷却機動隊部門を二年連続で受賞する記録をうち立てた。さらに見ものなのは二位が朴泰昊《ぱく・てほ》（李珍景の本名）であるということだ。別々に票を集計しても一位になるくらいだから「冷却至尊」といってもかまわないだろう。受賞の感想が圧巻である。「今後より一層哲学ある冷却を試みる」ってか。

もう一つの例。文聖煥《むん・そんふぁん》は作家志望生らしく言葉遊びを好む。例えば、'Life is an egg' を解釈すると?――ゆで卵。[2]「エッセイは書けずに顔だけしかめてきた。[3]」食卓におかゆが出ると「わあ、いかす〜[4]」車に乗っていて子犬が通り過ぎると「待てい[5]」といった具合だ。当然非難の矢が雨霰と降り注いだ。

あまりにも幼稚すぎると。ところがいつのまにかみながまねし始め今は研究室のユーモアの主流となってしまった。

朴東範《ぱく・とんぼむ》は真面目ギャグの元祖である。彼は口さえ開けば、非常に長々しく難解な概念の溢れかえる文体を駆使する。「九〇年代に入って植民地近代性の歴史的系譜をめぐってなされた様々な問題提起と、こういった話の持つ「現在性」に格別な関心が」どうとかこうとか。複文も普通の複文でなく、混合文と譲歩節が混ざり合った混合複文である。歳は最年少層に属すのに討論会の際にはまるで元老教授が論文を審査するかのように話すのでみなあきれ返る。問題はみんなが東範の言葉遣いを楽しんでいるということである。難解な複文が続くほどに人々の笑い声はさらに高まり行くばかり。このように冗談とは縁のない人たちが寒いギャグ、幼稚ギャグ、真面目ギャグの一家をなすことができるのはテクニックがたけているからではない。配置がそのように作動しただけのことだ。言い換えるなら、いかなる状況においてであれ笑うことのできる準備ができているという意味である。そのため研究室ではどんな集まりでも笑い声が絶えない。火曜討論会であれケポイフィリアであれ難易度と内容に関わりなく笑いが常にともにある。笑いが笑いを呼び、かくしてついに「笑い自体」となること。それが私たちの追求するユーモアの境地である。

ここには才能もテクニックも全く必要ないが、どうしても必要なものが一つありはする。心の警戒を解くこと、つまり、重苦しい感情を降ろしておくことがそれだ。我と他の区別が厳格な人々、無意識のうちに厳粛なものの方が真実に近いとみなす人々、認められたい欲望に慣れた人々はこのユーモアのパレードに参加し難い。逆に言えば、ユーモアに親しめば内と外を自由に行き来し、新たな関係、異質な生が開かれるという意味にもなる。実際にそうやって表情を作り変え、人生を逆転させた人物もかなりにのぼる。

そういう点でユーモアは「ノマディズムの土台」である。見慣れず異質なものの間を自由に横切り、予期せぬ流れを作り出す動力としてのユーモア。さらにそれは主流の秩序を転覆しつつ滑らかに動き回る「ノマド的特異点であり偶発点の技法」である。私は断言する。コミューンと笑いは最高の相性であって切っても切れない関係であると。したがって誰であれコミューンを夢見るなら何よりも最初に笑いの知恵を身につけなければならないと。

Ⅳ．祝祭

1　ケポイフィリア

ケポイフィリアは研究室の知的実験のうちで一番素敵な舞台である。まず研究室の固定メンバーは全員出席しなければならない。言い換えると、研究室の一般会員になるためには必ず通過しなければならない必修コースでもある。共通観念を構成する知の場であると同時に研究室の日常に関わるあらゆる事案が論議されるところでもあるからだ。一言で言って、知識生産のための高談峻論から講座・

セミナーの点検および企画を経て、トイレ掃除や厨房担当、月末決算などのようなささいなことまでを総網羅する現場なわけだ。現在一般会員は約五〇人。そこに今後会員になろうとする新参まで含めれば約六〇人ほどがケポイフィリアの構成員である。

ケポイのカリキュラムは基本的に古今東西の知的境界を往来することを原則としている。マルクスからはじまり朱子、王陽明を経て茶山《たさん》〔丁若鏞《ちょん・やぎょん》〕と燕巌《よなむ》〔朴趾源《ぱく・ちうおん》〕、サパティスタとベアハートを通って今はデリダ、ナーガールジュナ（龍樹）、アントニオ・ネグリを通過しつつある。選択の基準は？はっきりしているわけではないが、前衛的強度と幅広いビジョンを兼ね備えていなければならない。私たちが生産したい知識の内容がまさにそのようなものだからだ。

一つの過程をマスターするのにおおよそ一ヵ月ほどかかるが、各過程ごとに四、五人のパネラーがあらかじめ決められる。パネラーたちはその分野に精通したチューターの指導を受けてあらかじめ集中セミナーを行い、順繰りに発表文を作成する。五〇人余りの前で発表をしようと思えば相当な訓練が必要である。基本的に生気溌剌と意見が交わされるが、時にはとても残酷な批評が加えられる。ゆえにこの過程自体がすばらしい体験教育たりうる。自己の限界に直面することができるという点で。

一つの過程が終われば会員たちは義務的に一篇のエッセイを書くか、それを読んでコメントをしなければならない。書くかコメントするかは自分で決める。この時期になると研究室が見えざる緊張感に包まれる。ケポイのマネージャーたちはオンラインとオフラインを総動員してエッセイの提出を促し、書くことにした人たちは監視と督促の視線から逃げ回るのに忙しい。時には合同で夜中まで残って一緒にエッセイを作成することもある。リーダーグループでは脅迫と懐柔などありとあらゆる手段方法を総動員するが、それでもエッセイ提出成績はそれほどよくはない。それほどテクストが難しいということでもあり、書くこと自体に対する懼れ、あるいは潔癖症をたやすく振り払うことができないからだ。

時には過程の一つ一つがプラトーのように感じられもする。平地と区別される高さと強度を帯びたプラトーを行き来するということは遥か高い山に登ることよりももっと大変である。頂上も、方向もなく四方へと広がっているからだ。どこからでも始めることができるが、そのどこにも終わりが見えない千のプラトー！　だから魅惑的であるほどに苦痛に満ちている。しかし木曜ごとに繰り広げられる知の饗宴のためならそのような苦痛は喜んで耐える準備ができている。私たちみな。

2　「師と友は一つなり」

私は師と友は元々同じであると考える。この二つが別であるというのか？……もし友だからといって礼を尽くして学業を伝授されることができないなら必然的に彼／女とは友たりえない。師だからといって心中にある思いを打ち明けることができないなら、彼／女を師として仰ぐことはできない。（李卓吾『焚書』より）

師となることができないなら真の友でなく、友となることができないなら師として仰ぐことはできない。これは明末清初の陽明左派の大家李卓吾の言葉である。そしてうちの研究室の教育的理念でもある。名付けて「友情の教育」。

　研究室の構成員たちは学閥上では博士から学部生まで。歳では四〇代中盤から二〇代初めまで相当に幅が広い方だ。今後は一層幅が広がるだろう。このような幅にも拘わらず互いに気楽に共存することができるのはまさに師であるとともに友であり、友であるとともに師である「師友関係」が維持されているからだ。それは単に抽象的な命題や耳当たりのよい美辞麗句ではなく、活動全般において具体的に表現されねばならず、また表現されている。

　まず研究室の空間的配置を検討してみると、それは講師と学生の距離が最大限小さくなるようになされている。私たちが最も好むのは高低のない円卓である。時に講師が高いところに座るのは一時的な便宜のためであるのみだ。大部分の大学の教室は高い教卓と教壇、一列に配列された机で構成されている。先生と学生の間は画然と分かたれているのである。これは近代的啓蒙主義の空間的投射である。つまり教育とは専門的で人格的品性を兼ね備えた師がまだ未成熟な人々を導いてやるものであるという。上から下へ、明るいところから暗いところへ！　このような前提に基づいているため当然教育の内容は既製品を複製する性格を帯びるほかない。独創性や個性、創発性などを強調するとしても、それは究極的には師が区画しておいた一定のバウンダリーを決して抜け出すことができない。ゆえに、まずはこの区画と境界を横切る作業から始めなければならない。そもそも知の領域において師と弟子をどうやって固定した線で区画することができるのか？　歳が上だとか学閥がいいとか知力が優れているとかいうのは単に一つの特異性であるのみだ。なぜなら知の世界には限界がないからだ。絶え間なく学び教える知の流れが存在するばかりだ。このような関係の下では教育の主体でなく、ただ知識が構成され伝授される「ベクトル」だけが作動するので、学問外的な権威や位階のたぐいは居場所がない。アーサー王の「円卓の騎士」たちは六百人余りが同時に丸い円卓を囲み、円卓のあるところには無敵の行軍があったというではないか。

講義やセミナーの際、常にお茶とおやつを準備するのもその点を考慮したものである。ともに食べ、ともに飲むこと以上に親和力を大きくするものも稀だろう。そして現実的に考えてみても、講義をする人も大変だが、一生懸命聞くためにも多くのエネルギーが費やされる。知とは大変なことを耐えるのでなく、喜びを増殖させることである。お腹が空いたら食べ、喉が渇けば飲むことのできる、可能な限り身体的自由を享受することのできる時、知的共鳴の周波数は一層上昇することができるのである。王陽明の愛弟子王心斎は言う。「楽しからざれば学びにあらず、学ばざれば楽しからず。」「ああ、世の楽しみのうちにこの学びほどのものがあろうか?」と。このアフォリズムに同意するなら、性別、世代別、学科別の境界を自在に往来するのはそれほど大変なことではない。

セミナーもまた重要な教育過程である。研究室には一週間に五、六個のセミナーをこなす「セミナーゲリラ」たちがうじゃうじゃしている。そうなれば学問間の境界を越えるのはもちろんのこと、その過程で大学では決して学ぶことのできないものすごい量の知識を習得することになる。それが講座や出版企画とつながれば、難易度の高い書く訓練をすることのできる機会も与えられる。文章が完成する時までは周辺のあらゆる人々が飴と鞭を同時に振りかざす。したがって一篇の文章は個人の作品でありつつ同時に数多くの外部の痕跡が刻まれた襞となるのである。ここにおいて師と友の境界を区画するのは不可能である。みなが師であり、みなが学生であるということ以外は。研究室ではこのような交互作用が随時生起する。それは極めて多様な過程に巧妙に混ざり合っていて秩序付けて羅列するのは不可能である。「ある〈一〉という中心なしに、枝あるいは幹たちが互いに出会い分かれる仕方で接続し分岐する」根茎、つまりリゾームがそうであるように。リゾーム的増殖と分子的共鳴。研究室の知的流れを簡潔に圧縮するならこんな風になるのではなかろうか。

3　学術ライブ

うちの研究室が夢見ることのうちにこんなのがある。それはシンポジウムを祝祭へと作り変えることである。例えば、想像力の境界を打ち壊す扇情的な（？）テーマを掲げて多方面の研究者たちが発表をする。形式は個別発表のみならず、デュエットでするのもありだし、何人かで一組になってすることもできる。一角では食べ物とお茶がどっさり準備されている。進行の妨げにならない限りでは、好きなだけ飲み食いすることができる。あいだあいだの休み時間にはロック、バラード、クラシックなど多様な種類の音楽を聴きながら親睦を深める。テーマに関わるスライドやビデオが上映されるのもありだ。シンポジウムのハイライトはやはり討論だが、マナーであるとか形式の拘束はないのでコメンテーターや発表者の個性が存分に発揮されうる。時間制限もなく、空腹や退屈に耐える必要もないので場合によっては夜を徹して討論することもできる。

もしこんな夢が実現されるなら、おそらくたった一日だけそこに加わっても参加者たちの知的レベルは飛躍的に高められるだろう。何ヶ月かの教育過程も達成しえない身体的感応を生み出すだろうから。シンポジウムとは一種の学術ライブである。バンドがアルバムを準備するように、普段セミナーと学習を通して磨きをかけた内容のなかからそのエキスだけを抽出して大衆の前で一場のパフォーマンスを繰り広げるのである。そしてその場を通して新しい知的な仲間に出会い、そこからまた新たなタイプのバンドが組織され……。こんなライブの成果が積み重なれば自然に一つの媒体へと集積されるだろうし、そうなれば今のように無理やり企画し義務感から雑誌を出す悪戦苦闘を踏襲しなくてすむだろう。

九〇年代以降、制度圏の外部に多くの研究団体が現れ、大学の中にも社会教育院などが雨後の筍のように作られるなかで公教育外部の教育活動が活発になった。それなのに知的エネルギーは依然として何重にも封じ込められている。知識に対する需要層は広がったものの専門家と大衆、知識と生の境界は依然として厚いからだ。うちの研究室には大学を卒業した後、勤めていた職場を辞めて何の対策もなしにただ勉強が好きでやってくる人たちが少なくない。今後週休二日制が定着すれば社会人たちの知的欲求はさらに活発になるだろう。彼／女らは大学院に身を置いているいわゆる専門知識人よりも旺盛な知的欲求を持っているうえに、それが新たな生に対する倫理的欲求と結びついているため知的潜在力の面においても遥かに豊かなものがある。もし彼／女らが大学教育のみを唯一のコースであるとみなして大学院に進学することになれば、その瞬間から知は喜びではなく桎梏となるとともに生に対する態度もまた振出しに戻ってしまうだろう。その回路では別の方法がないからだ。

そのような点に照らして、学術ライブは一つの社会的形式として広く流布されなければならない。音楽を専攻しなければ音楽を楽しむことができないのか。そうではない。音楽を楽しむことのできる数多くのルートがあるがゆえに音楽を愛する人々は多様なやり方で音楽に接することができる。知識も同様である。本と大学という狭苦しいコミュニケーション構造のなかにばかり閉じ込められている理由はない。実際に毎年行われる学術大会は本当に多い。それなのにコミュニケーションの構造が少しも変わっていないのは全的に想像力の貧困のゆえだ。想像の配置を変え、果敢に街頭の情熱に接続されれば知識も幅広いコミュニケーションの窓口を確保することができるだろう。

多様なイベントで「火曜の夜の熱気」を維持し続けている火曜討論会、そして今年の冬初めて試みる「学術祭」がまさにそのような「学術ライブ」を準備する実験場である。

V．ビジョン

1　瞑想の知恵

研究室三階の一角にヨガ室がある。今のところはヨガよりは寝室として使われることの方が多いが、私たちがあえてそれをヨガ室と呼ぶのにはそれなりの理由がある。ヨガは卓球やチェギ⑥のように体を鍛える方便でもあるが、何よりも修行の一種である。必ず瞑想訓練を並行しなければならないのもそのためだ。したがってヨガ室の存在は瞑想の知恵が研究室のビジョン探求の一つであることを意味している。どのようなやり方になるかは分からないが、今後瞑想活動が日常の主要な部分を占める時点が到来するだろう。

だとするなら瞑想活動とコミューンのビジョン探求はいかに連携するのか?

まずそれは日常の体験から自然に浮かび上がってくる。研究室には組織的位階や規律がない。もっと正確に言えば、あるにはあるが変化無双である。今のルールは既存のルールをひっくり返して出てきたものであり、今後また新しいルールによって取って代わられるだろう。つまり研究室のルールとはその時その時の流れによって決定されるのだが、これが核心ポイントである。それがちゃんとなされるためにはみなが規則を作る主体とならなければならない。やあ、素敵な言葉だ。みなが積極的に同意するだろう。だがその内容を満たすのは決してたやすいものではない。なぜならみなが主体になるというのは、空間を能動的に活用することのできる能力、活動と関係を自ら組織することのできる能力が前提とならなければならないからだ。そのような点で自律性とはダイナミズムの別名でもある。ダイナミックに活動するということ、これは本当に生易しいものではない。学閥や歳、体力などとは全く関係のない事項でもあるし。

研究室が最も多くの試行錯誤を経た部分もまさにこの部分である。そしてどんな本にもこの問題に関する指針のようなものはない。コミューンの敷居はここからだといってもいいように、この時最大の敵は自分自身である。それは自意識と呼ぶこともできるだろうし、あるいは自己に対する執着であるといえる。コミューン的活動のなかに進入するためには社会的境界を越え、自己に対する執着から抜け出さなくてはならない。おそらく多くの共同体が失敗した理由はこのような自意識の密かな衝突に耐え切れなかったからだろう。それゆえにコミューンの倫理とは自意識が赤裸々に衝突する現場において新たに構築されなければならない。本当に自己と対面することはできるのか？　あるいは自己を捨てることができるのか？　瞑想（あるいは霊性体験）が研究室の主要活動の一つと認識されたのもこのような文脈においてである。自意識の重力から抜け出すためには自己を絶え間なく空けなければならないということがわかったのだ。逆説的な表現だが、変異、生成するためには自己を忘れなければならない。忘却の大きさがすなわち存在の大きさを決定する。「流れと空き」の倫理学！

他方、知識生産の面においても瞑想の知恵は絶対的に必要である。私たちが追求する知識の能動的生産は究極的に「知の外部」を目指す。つまり、知と生の一致、さらに生の新たな可能性に対する実験こそが私たちが追求する知の中身である。そしてその方向に向かう道は単に本から得られるものではない。だから知と生を妨げるあらゆる境界を荒っぽく飛び越える情熱と決断が求められるのだ。言い換えるなら、知が生のなかで、日常のなかで、息をするたびに表現されなければならない。それは本の外で、本を超える身体的変異を通してのみ可能である。

そのうえ私たちが究極的に参究せんとする公案は「ヒューマニズムの外部」、すなわち生命と機械である。これは知の配置を全面的に変換することを前提とする。果たしてこれが分析的で思弁的な探求のみで可能だろうか？　私たちの生の土台を根こそぎ転覆するところから始めなければならないだろうが、瞑想活動は私たちをしてその入り口へと導いてくれるだろう。

2　歩きながら問う

瞑想の知恵は私たちが夢見る革命の新たな配置とも深く関わっている。コミューンとは基本的に「資本主義の外部」を目指す。具体的に言えば、資本の捕獲装置からの脱走、そしてそれを表現することのできる日常の全面的再組織化が私たちが追求する革命の中身であるといえる。これは転覆的であるほどに、長く退屈な旅である。そのような点で自己との闘い、自意識の敷居を越える修行が必ず要求される。もちろん資本に対する抵抗と自己との戦闘は相互に影響を与えつつ宇宙的ビジョンを確保する境地を目指して進んでいくだろう。

この間の旅のなかで私たちが出くわした二つの星がある。「そもそも敵に対してでなければ誰に対して慈悲を施すというのか？」——慈悲がある国家の統治理念となりうることを示してくれたダライラマ。そして「すべての人にすべてのものを、そして私たちには何も！」という無我のスローガンを掲げたメキシコの民族解放軍サパティスタ。この二つの星は大きく異なった道を歩んでき、互いに遠く離れているが、求道が革命たりえ、革命がまた求道の旅となりうることをまぶしいほどに証明してくれている。

サパティスタ革命の理念的支柱（？）である先住民、老アントニオの知恵はダライラマのそれとあまりにも似通っている。例えばこういう部分である。「自分の心を覗き込む術を心得ている人はライオンも恐れない」「道が見えない時は自分を覗き込め。そこにまさに道がある」。サパティスタ蜂起が起こってからしばらく後、メキシコ政府軍の大々的な掃討作戦が繰り広げられた際に老アントニオが教えてくれた戦争の戦略はこのようなものだ。「今は水のように闘うべき時だ。水は自分の道を歩み続ける。剣を包んだまま、それに気づくこともなく、川へと到着する」。——これは革命戦略というより宇宙を胸に抱いて静かに歩んでいく求道者の修行により近い。革命と求道の恍惚たる一致！

もちろん「知恵の海（ダライラマ）」と「革命の山（サパティスタ）」は固有名詞ではない。ダラムシャーラーにだけ、ラカンドンのジャングルにだけあるのでもない。資本に立ち向かうあらゆる闘争、自然と動物を護るために命を賭けるエコロジストたち、パウロ・ルガリのガビオタス、ラダックの人々、サボルディヤ共同体など、まだまだ私たちの知らない匿名のコミューンたちがあるいは山へ、あるいは海へと続いている。

今までは知の楽しさを増殖させるのが目標だったとするなら、今後は知の中身がもう少し強烈で明瞭にならなければならない。つまり、資本に立ち向かう情熱的戦闘を遂行するとともに人間の境界を超えて「生命と機械」を思惟する宇宙的ビジョンの場を繰り広げることができねばならない。そしてそれは今の研究室とは大きく異なる形の組織を必要とする。例えば、高度の修練過程を根幹とする大学院課程のようなもの。それはきわめて見慣れぬ異質な言説を生産する場であるとともに、いつどこでも革命と求道を伝播することのできるコミューン的インテリを輩出する場となるだろう。もちろんこれは今のところは構想に過ぎない。しかし常にそうであったように、重要なことはそれに向かって絶え間なく、そして根気強く歩んで行かなければならないという事実だ。

老アントニオは「歩くこと」についてこのように語る。最初の神は二人で一体であった。この二人は歩くためには質問をしなければならないということを知った。「どこへ?」「どうやって?」のようなそれ以来、神々は質問をしながら歩いた。けっして立ち止まらず、着くことも、発つこともなかった。質問をすることは立ち止まってじっとするだけでなく、歩むためにも役立つ。真の男と女はそのことを理解するようになった。それ以来、真の男と女は、歩むために質問し、到着するために旅立ち、出発するために出会いの挨拶をするようになった。」こうして見るとノマディズムをこれ以上にうまく要約するのも難しい。不毛となった地にへばりつき、そこで生きていく方法を創案するのがノマドなら、ノマドこそいつどこでも問いを投げかけることができなければならない。

私たちも今では歩きながら問い、問いながら歩んでいくだろう。「一つの問いに対する答えは常に新たな問いであるということ」を忘れずに。苑南洞のお披露目パーティーの際に高秉權は〈鍾路時代の提案〉を発表するなかでこのように語った。「私たちの特異な(?)能力のうちの一つは問題がない時に問題を作り出すことです。問題提起、よく見てみれば私たちがぶつかった諸問題は常に私たちが提起した問題です。私たちは受験者である前に出題者だったのです。解決能力よりも、優秀な出題能力……反対の場合もあるでしょう。与えられた問題。試験にかけられた受験生。この時問題が指し示すのは危機です。諸問題の出現は常に破局の兆候として読むことができます。人を当惑させるような形でやって来た問題との死闘！　問題の浸透を防ぐために門を締め切った私たちは城内の存在、家の中の存在です。」そしてみんなに問いかけた。「今あなたが生きていくところはどこですか？　今現れた問題は道で出会った友ですか？　城を脅かす敵ですか？」と。なんとかっこいい問いだろうか？　こんな風に私たちは問い続けるだろう。そんな点で私たちはみな「路上の存在」たちである。

3　インターコミュネット

私たちのホームページのサークル部屋をクリックすると最後の項目に〈汶湖里畑《むのり》〉が出てくる。両水里《やんすり》から少しだけ入ったところにある西宗面《そじょんみょん》汶湖里にある畑を指す言葉である。もちろん畑の傍らには約五〇坪規模の執筆室もくっついている。これもやはり完全に運でできたものだ。

ここはメトロポリスからの脱走を企画する「ベースキャンプ」だ。ソウルは奇形《ママ》的な都市である。あらゆるものを吸収し、中心化し、捕獲する。そこに属することができなければ不安にさせることによって。しかしながらソウルで中産層として生きるにはすさまじい費用を支払わなければならない。三〇坪ほどのアパート、中型自動車、一流大学、ホワイトカラー。このシステムに編入されるのは青春はもちろんのこと人生全体を担保に取られなければほとんど不可能である。成功するとしてもそんな生き方は代を継いで伝承され続ける。条里空間！

誰もがこの事実を知っており、これに対して一様に不平を鳴らし慨嘆する。しかし「誰もが不平を鳴らしながらも実際にそこから離れようとする者は一人もいない」。なぜか？　離れる方がもっと不安だからだ。この悪循環の環から脱走しようと思うならまずメトロポリスから抜け出し新たな日常のリズムを構成しなければならない。ソウルを地方化すること、それが私たちの第一の目標である。それは最優先的に日常と身体に生動するリズムを与えるための第一の前提でもある。ソウルでは一日の変化、四季の変化を感じることができない。夜を失ったまま落ち窪んだ眼で朝と午後の太陽を迎えるところ、夏にはエアコンの冷気のために風邪をひき、冬にはスチームの熱気で頭痛に苦しめられるところ、一言で言って自然との最小限のつながりさえ断ち切られたところがまさにソウルである。雨が降れば雨を、雪が降れば雪を満喫することのできる身体的能力を確保しなければ新たな主体は構成されえない。

ソウルからの脱走は資本主義文明から後退せんがためではない。むしろそれと全方位的に対決するためだ。家族、民族、国家、さらに人間の境界を超え、グローバルネットワークと接続する共同体、名付けて「インターコミュネット」を構成するためなのである。インターコミュネットとはその名の通りコミューンたちのインターナショナルネットワークだ。私たちが追求するビジョン探求の決定版である。今のところは単なる空想の段階であるが、とりあえず構想はこうだ。

私たちの共同体は巨大な土地を拠点として村を構成する定着的なやり方を選ばない。拠点の柔軟な変異が可能で、領土標識と主体ではなく活動とネットワークを通して存在を表現する。いうなればノマディズムの原理に基づいている。

私たちには資本がない！　そのかわり人的・知的ネットワークが豊かである。固定した職業がなかったり、あっても柔軟性が高い（教授、出版人、フリーターなど）。また意図せずして（？）独身で暮らすケースも多い。――このような特性こそがノマド的共同体にこの上なく適った条件である。活動性と機動力が高いという点こそノマドの特徴ではないか。

汶湖里は一種のベースキャンプである。ソウルから近いうえに、快適で広い家と土地をとても安価に占有することができるというのが大きな長所である。さしあたりこのキャンプを中心に生活のリズムを変換する訓練と共同体的関係に対する準備が可能である。ここを中心にすれば春川《ちゅんちょん》、金谷《くむごく》、麗州《よじゅ》、原州《うぉんじゅ》、加平《かぴょん》、磨石《まそく》などがすべて一時間以内の距離に入る。相当に広い地域をネットワークに包括することができるという意味だ。所々に家や土地を非常に安く買うか借りるかすれば、中間の「間―空間」がすべて無償で占有可能である。あわせてその近隣にある諸共同体と積極的に交渉すれば彼／女らの知恵（農法や建築など）を伝授してもらうことができる。

コミューンの内と外は主体や区域としてでなく活動を通してのみ決定される。既にある立地条件を最大限活用し、事情が許さなければいつでも立ち去る。ノマドの天幕や老アントニオのトウモロコシの小屋のような概念で考えればよい。

コミューンの空間は大きく三つの領域に分かたれるだろう。

第一が**日常の空間**。ここは働き、食べ、遊び、楽しむ空間である。子供から老人たち、あるいは動物たちに至るまで互いに混ざり合って日々の日常を構成する。最も重要なのは何といっても食べ物の問題である。食べ物こそ私たちの日常が天と地、風と雨のような大自然とつながっていることを直接的に表現してくれるからだ。それを基準にして労働と遊び、祝祭など生の様式の全般が決定されるだろう。個別の構成員たちが所有から自由な「充実身体」を構成することがこの空間のキーポイントとなる。ナウシカのように蟲と語り風の流れを読むすべを知り、老アントニオのようにトウモロコシの葉で小屋を建て、どこででも道を見出す能力を培い、また家族の境界を超えて多様な関係網を構成する訓練もここでなされるだろう。またいつでも全世界と能動的な接続を試みなければならないのでインターネットが積極的に活用されるだろう。サパティスタがインターネットを通じて全世界の人々を一つにつないでくれたように。

第二が**学びの場**である。生がより高いところへと高められるためには自己と自己の属した環境に対する知が必ず要求される。無知からの解放こそ自由の必須の前提だからである。ここでは多様な種類の知的活動が繰り広げられる。望むものはなんであれ！　ただしいかなる種類の知であれ、それは生とかたく結びついていなければならない。生と無関係に追求される知こそ「反コミューン的」（資本主義的）だからだ。知と生を結びつけるためのプログラムは多様なやり方で構成されるだろう。例えば、自然を主テクストとして学びを拡張していく一方、世界のここかしこに広がっている学びの場を巡礼しつつ視野を広げる方式を積極的に開発するだろう。そのようにして身につけた知識あるいは知恵は再びコミューンの動力へと転移するだろう。

最後が**瞑想センター**である。これは私たちの生と知識を国境を越え、人間を超え、宇宙全体へと溢れ出させるための求道の場である。インディアン呪術師ベアハートはこのように語る。「私たちが何かになろうと思ったら、よきものを流れさせる器とならなければならない。私たちは知識を受け取って、それを必要とする人たちに分け与える道具とならなければならない」。この美しい命題は自分の体と運命の全体を賭けた熾烈な修行を通してのみ可能である。そのなかで日常の空間と学びの場で身につけた知恵はいっそう高まり強烈な身体的エネルギーへと転移するだろう。ナウシカやダライラマ、マルコスが身につけている、自然を愛し、権力の掌握を望まず、さらに敵にまで慈悲を施すことのできる能力を身につけるのもここにおいてだろう。

もちろんこの三つの空間は「別に、また同時に」存在する。個別の構成員によって三つの空間を自由に渡り歩くのもありだし、自分が置かれている条件にあわせて段階的に移っていくのもありだ。重要なのは私たちがこの過程を通して生に対する無限の想像力を培うことができるということである。このような配置の下でならまさに私たちが息づいている地においてもナウシカやマルコス、老アントニオ、いや数多くの「インディアンたち」が出現しないだろうか？

〈研究空間「スユ＋ノモ」〉はどうなるのかって？　そこも一つのコミューンだ。ネットワークの一部であり、ソウルのベースキャンプとなるだろう。おそらくこれから本格的に新たな実験が始まるだろう。高度の修練過程を必要とする大学院コースおよび東アジアをはじめとする全世界の知識人連帯の構築。――これが知識生産の一つのコースであるなら、託児所や共同住宅、青少年教育プログラムなどは共同体の大衆的拡大のためのコースとなるだろう。それぞれがすべて一つの「コミューン」となり、また別の隣接系との接続を試みていくだろう。中心は多いほどよい。星が多いほど夜空がきらびやかであるように。私はあえて夢見る。全国至る所に、そして世界のここかしこに大小のコミューンたちが雨後の筍のように現れることを！　行く先すべてが道とならんことを！　いや、私たちの生がすなわち道とならんことを！　人々があるところから別のところへと渡っていく道と。

訳註

（1）この内訳については高美淑『誰も企画しない自由』（ヒューマニスト、二〇〇四）を参照のこと。《ここで著者が参照を促している著書のタイトルは実際には『誰も企画していない自由』であり、「自由」を修飾する部分の時制は過去である。著者はこの過去時制を現在時制に誤記したわけだが、ここにはこの「自由」を未だ終わっていないものとしたいという著者の望みが反映されていると考え、敢えて訂正しなかった。》

（2）「人生は卵」を意味する 삶은 달걀 は同時に「ゆで卵」を意味する。

（3）「エッセイを書く」を意味する 에세이를 쓰다 と「顔をしかめる」を意味する 인상을 쓰다 が動詞 쓰다 を共有することを利用した言葉遊び。

（4）「おかゆだ」を意味する 죽이다 が「いかす」とも解釈できることを利用した言葉遊び。

（5）今となっては時代劇などでのみ聞くことのできる表現である 게 섰거라 の 게 が犬を意味する 개 と同音であることを利用した言葉遊び。

（6）朝鮮の伝統遊戯の一つで、羽つきを羽子板でなく足でするものと考えればよい。

高酋長のお金なしに生きる工夫

高秉權《こ・びょんぐぉん》

「最近どう?」久しぶりに会った人なら必ずやこのように尋ねる。半ば挨拶がてら、半ば職業が気になって投げかける言葉だが、何気ないこの言葉のために困惑させられたことは一度や二度ではない。他の人々のように職業を明らかにすればよいのだが、そういうものがあるわけでもなく、だからといって職もなく遊んでいるというわけでもないのだが。今、私がしている活動（研究空間スユ＋ノモ）を、どのように語るべきなのか。簡単な挨拶のことばに長々と説明を加えるわけもいかないだけに、答えは簡単ではない。

「制度圏の外側で研究コミューンをあれこれと……」。このように言うと、大抵のところ状況は悪化する。「制度圏」「研究」「コミューン」……。説明せねばならない言葉ばかりがならんでいく始末だ。だから人と会うと、大概はこのような台詞で間に合わせようとする。「非常勤講師をしている」（思いがけなく一度だけやった非常勤講師。今はもうそれも止めたけれども）。「市民団体にいる」（私たちが市民であることには間違いないが、一度も市民運動をしていると思ったことはない）。「遊んでいます」

(至極まれなケースだが、私の所得に関心のある人々に)。

研究空間〈スユ+ノモ〉を、自分たちのあいだでは「研究室」と呼んでいる。だから仲間たちの中には、肩書きを明らかにするとき、研究員だという人が多い。研究員が「研究する人」という意味ならば、その肩書きが間違っているというわけではない。本を読み、討論し、文章を書き、講義することが日常なので、私たちも間違いなく研究員である。しかしながら、研究員という言葉が「研究を職業とする人」を意味するのならば、少し複雑だ。私たちの研究室は、食事をともに作り食べる生活共同体でもあるがゆえに、生計もここで解決したりするが、月給のようなものをもらっているわけではない。むしろ毎月一定額を出している。このようなものを職業だとはいえないだろう。

最も身近にいる母親でさえ、私の活動の全体を把握したのはつい最近のことである。何年か前にこのようなことがあった。普段、母にあまり会いに行けなかった私が週末に暇を作って実家に立ち寄った。土曜の夜に来て、日曜の朝には研究室に行くという慌しい様子をみて、母は私にこう言った。「あんたの研究室は日曜日もないのかい? いったいいくらお金をくれるからそうなのかい」。母はその時まで私が研究室に行ってお金を稼いでいると思っていたのである。お金をもらえるどころか、お金を出して通っているという言葉に、母が返した言葉は「そんなこと、なんでやっているのか?」というものだった。

今は大体知っているようだが、その時の母の目には、お金を取る研究室も、お金を出す息子のどちらもが普通ではなかった。どうにかして息子を理解しようと母が下した結論は、そこの人々は頭がよく、気立てもいいからお金を出しても惜しくない場所のようだという程度だった。しかし、生きる工夫をせねばならないのなら、これがまさに生きる工夫だということを母に納得させることは容易ではなかった。

資本主義社会では「よく生きること」と「お金をたくさん稼ぐこと」が同じものとされているが、「お金をたくさん稼がなくても、よく生きることができる道」を見出さねばならないというのが私の考えである。今、私が稼いでいるお金では、自分の三人の家族すら、きちんと養うことも容易ではない。いくらにもならないうえに不規則でもある原稿料や講演の収入に頼って暮らすのは、母の言葉のように「どうかしている」ことに間違いない。それにもかかわらず、私の夢が非常に荒唐なものだというわけでもない。ある意味、現実と非常に近づいている。私が「お金を出してまで」通う研究室のおかげである。

私は、稼いだお金の相当部分を研究室に出している。正確にいえば、お金を出すというよりは、使っている。毎月の会費を出し、飲み食いするのにも使う。ところが仲間たちが作ってくれるご飯や飲み物は、途方もなく安い。たとえば、一食のご飯が一八〇〇ウォン〔一二〇〇円相当〕だ。私は毎食一八〇〇ウォンを払っているが、これは使っているのではなく、稼いでいるのだ。もし、この食事を食べられなかったら、私は近所で四〇〇〇ウォンを払って食べねばならない。食事だけがこうなのではなく、研究室から得られる物やサービスのすべてがそうだ。その上、映画、音楽、漫画、卓球、ヨガなどをほとんど無償で楽しみ、バザー・コーナーにはいい服が常に置いてある。これらすべてのものを享受するために私がしていることといえば、この仲間のうちの一人になることだけである。

いつだったか、高額な年俸を受け取っている大学の友人が遊びに来たことがあるが、その友人が驚き呆れてこう言った。「俺のお金とお前のお金では力が違うみたいだ」。自分の〈生〉が非常に少ないお金でも十分に支えられているということを棚にあげてのことばだ。だが、厳密にいって、私はそのお金で研究室において提供されるサービスを買っているのではない。仲間たちのなかの誰もがそれを売っているのではないからである。ここでは熱い知識、温かいご飯、気持ちのいい笑いを、お金なしに得ることができるが、お金を払って買うことはできない。

では、私が出すお金はどこに行くのか？ 研究室の中ではその身を施すことなく、ぐるぐる巡っていく。賃貸料、食べ物、公共料金など、外の人々に流れていく。西洋のことわざに、「お金と友人のうちどちらか一つしか持てない」というものがあるが、友人たちからの贈り物が入って来ると、本当にお金の居所はなくなる。最近、研究室に米や野菜を送ってくれる方々のおかげで、食べるものにかかっていたお金がかなり減った。厨房のホワイトボードには、今も今週入ってきた数々のプレゼントの目録とその内訳が長々と記されている。

ある友人は、私がすごい運動を繰り広げているものだともちあげる。何を知って言っているのか。これは何かの信念によって行なう運動ではない。世の中の人々すべてがそうであるように、私もまたどうにかして生きていく工夫を探しているのみだ。職業を得ることができない他の博士［号取得者］のように、学期中に非常勤講師をいくつも掛け持ちし、いわゆる「シーズン」には論述予備校に行き、ある程度を受け取ることはできるだろうが、そうせずに生きる道を見つけ出してみようということだ。貧しい研究者に勉強と生計のどちらか一つを選べと強要する社会において、勉強をもって生きていき、〈生〉によって勉強する道を見出すことはできないだろうか。研究室での〈生〉とはそういった思案の産物である。

何年か前になるが、研究室の近所に会員たちが寝泊りできる家も、このようにできた。論文を書いていた最中であったため、研究室の近くに宿所を探していた私は、しばらく考試院［コシウォン：国家試験等の準備をしている人々のための宿泊施設］生活をした。国家試験の勉強ではなく、安い寝床を必要とする人々が集まる、そういう考試院だった。一人横になればいっぱいになる部屋だったが、一ヶ月の家賃が一五万ウォンもした。コミューンの力とはこういうものであろうか。一人では解けなかった問題が、何人か集まることで簡単に解決した。七人が集まり、自炊や下宿、交通費にかかるお金を集めることにした。一月に一人当たり一〇万ウォンの家賃を払うことにして、広く快適な家を見つけることができた。私たちはその家を研究室の他の人々にも開放した。昼間はセミナー室と休憩所として、夜は夜間作業をする人々の寝床として、外国からの来客にはゲストハウスとして。私の願いは、私が求めていたよりもはるかに素晴らしいかたちで実現された。

何日か前、夢にまで見ていた育児室が研究室にできた。以前は未婚者が多かったために特に考えることもなかったが、一人、二人と結婚し、子供が生まれてくると、問題にぶち当たった。勉強せねばならないのだが、子供を見てくれる人を見つけるのは難しく、研究室に時折子供を連れてきても、きちんとした居場所がなかった。窮すれば通ずると、今回、研究室を引っ越したのを機に育児室の空間がひとつ整えられた。もちろん、だからといって育児問題が解決したというわけではない。ようやく一歩を踏み出しただけである。どうあれ、私の幼い娘にとって、研究室は自分を喜んで迎えてくれるたくさんの「お兄さん」「お姉さん」がいる場所になった。

結局、「自分、イケてるじゃん」という話をしようとしているのではない。言いたいことはひとつ、私たち皆「お金がなくても生きていける工夫をしてみよう」ということだ。もちろん、この言葉が誤解を招くであろうことも承知である。韓国のように、福祉が滅茶苦茶な社会において、最小限の生活費も受けられないまま厳しい生活をしている人がどれだけ多いことか。「お金なしに生きる工夫」をしようといえば、「お金がなくて死にそうだ」という人々の実情が覆い隠されてしまいはしないかと心配にもなる。

しかし、私は、国家や企業がきちんと出さねばならないお金を減らすために「お金なしに生きる工夫」を語っているのではない。むしろ、そういったお金であるほど、粘り強く受け取っていかねばならない。私が今ここで言いたいのは、お金に関連する私たちの〈生〉の倒錯した現実だ。家を買っては人生をローンの利子と引き換え、研究費がないからと勉強を止め、展示スペースを借りるお金がないからと作品を寝かせておき、お金がないからと公演も見に行けないという異常な現実のことである。一部は孤立したままでも豊かに暮らし、大多数は貧しいままで孤立しているこのおかしな現実を、どのように変えていくのか。

　私は、より多くの賃金とより多くの福祉手段を要求することに劣らず、お金にあまり依存しない〈生〉を考え出すことが重要だと思っている。お金で生きる道を見出す人が多いほど、世界は金のある人のみが生きていけるようになる。すべての人がお金にすがりつくのなら、お金の多い人がそれだけより多くの権力を持つことになっていく。「ウェルビーング」［well-being：二〇〇三年頃から韓国で流行した健康ブーム］さえお金で買わねばならない現実のなかでは、金のある人々だけが「ウェルビーング」するようになっている。お金だけを持った人とお金だけがない人。どちらが富める者なのかは、結局、私たちの生きる工夫にかかっている。個人的な願いとしては、当然、世界中がお金だけがない富める者たちで満たされることだ。

コミューンと「お金の倫理」

高美淑《こ・みすく》

1　問題は「お金」だ？

「どうやって運営しているのですか？」
「どこから後援を受けているのですか？　どうやって資金繰りをしたのですか？」

研究室を訪ねてくる訪問者たちが一番はじめにする質問だ。では、最善をつくして説明をしよう。月ごとの会計の内訳を研究室のあちこちに張り出しておくのはもちろんだ。説明を聞いて、会計内訳を見た後の反応。「不思議ですね〜。どうやってこんな風に運営がなりたつのですか？　赤字を出したことはないんですか？」。もちろんある。しかし、深刻な赤字だったことはなかった。「深刻な赤字」ではないというのは、私たちの力で充分に埋めあわせることができるという意味からである。だから数値では赤字だが、実際には赤字ではないといえる。だからなのか？　大概の場合は黒字だ。このような内容を聞くと、その次にはこんな風に問う。「ちょっと心もとないでしょうね。赤字に対する心配はないのですか？」。そうだな、全くないといえばそうだが、ほとんどない方だ。赤字が出れば力を合わせて埋め合わせればよいし、黒字が出れば「どこの棚からぼた餅が落ちてきたんだ？」といえばいいものを、何を心配する必要があろうか。そういうと、その次には本当に納得しがたいという顔をする。

去る六年間、このような質問と回答を繰り返しながら悟った事実が一つある。人はみなお金《とん》に対する想像力が非常に異なるということ。だからいくら説明をしても「通《とん》」じないのだ。ところが理解できないのは私も同じだ。九〇年代以降、私たちの社会には幾多の市民団体およびアカデミーたちが結成された。ところが、その団体が共通して口にする言葉がある。「財政が厳しいです。制度的支援が必要です」。このような言葉を聞くと、一方では理解できながらも、もう一方では首を傾げてしまう。九〇年代後半以降、公的資金の支援が大幅に増え、また会員たちの大部分が中産層以上なのに、どうして彼らの属する団体は常に赤字に苦しむのか？

簡単に計算してみよう。研究空間〈スユ＋ノモ〉の元金（賃貸保証金）は総額一億二千万ウォンくらいだ。江北地域［漢江の北側］の中産層アパートの賃貸保証金にもなるかならないかのお金である。つまり、一家族を幸せにするにも困るお金だ。ところが、私たちはこのお金を基礎資金にして百人を超える人々が勉強し活動し、祝祭を楽しむ空間を確保した。賃貸保証金だった時にはみすぼらしいことこの上なかったが、用法を変えれば、その瞬間、アラジンのランプになるのだ！　要するに、重要なのはお金の量ではなく、お金の使い方だ。そうするためには、お金に対する通念から根本的に変えねばならない。

2　「私的所有」と死の衝動

コミューンを実験しながらはっきりと学んだ事実が一つある。資本主義が私的所有に基づいているという点がそれだ。「今さらそれがどうしたんだ、それは資本主義という以前に人間の普遍的欲望ではないか」と聞き返されるかも知れない。そのとおりだ。私もそれくらいのことだと思っていた。しかし、資本主義下での私的所有はそういった類の「普遍的（？）欲望」とは少し違った面があるようだ。何より資本主義は私的所有を決して貪欲の結果と見なさない。自由と平等という聞こえの良い理念、そして対等な個人間の合理的契約という幻想のためであろうに、いったん自分の手元に入ってきた財産に対しては神聖不可侵だと見なすようだ。古代や中世のような時代には、身分的に士農工商が分けられていたから、一方では支配階級が生産物を専有したりしたが、他方では財貨の蓄積を牽制する倫理的態度が絶えず喚起された。儒教、仏教、道教といった東洋思想の根になる様々な思考が共通して「無所有」に基づいているということ、そしてそれを治者の名分と道徳へと転換しようとする多様な経路があるというのがその証拠だといえる。四書の出発点である『大学』には、特に無所有の政治経済学というに値する言説が豊かだ。「財が集まれば民が散らばり、財を散らせば民が集まる（財聚而民散財散而民聚）」だとか「仁ある者は財をもって身を起こし、仁なき者は身をささげて財を起こす（仁者以財発身不仁者以身発財）」などが代表的な例に属する。それに比べて、資本主義は基本的に所有の神聖さを土台としている。つまり、身分的差別が消えた代わり、所有がすなわち人格と同時にアイデンティティになってしまったのだ。その点で資本主義とは「私的所有と自我」がそのまま「渾然一体」をなす体制だといえる。それは、単に経済システムの次元に限られるのではなく、恋愛と結婚、知識と宗教、衛生など、すべての近代的表象の根底を占めている。そしてこの点においては、金持ちだろうが貧乏人だろうが大差はない。

だとすれば結論は簡単だ。生の配置を変えようとするなら、まさにこの「私的所有の神聖さ」という堅固な城壁を瓦解させなければならない。なぜなら、この城壁に閉じこめられている限り、生の主人は貨幣になるだろうからだ。誰もが知っているように、「貨幣は死の伝道師だ」。それは「循環を交換に変えることで循環系を破壊し、死に至らせる」。言い換えれば、「有機的な生命体を無機的な交換関係に、死へと駆り立てていく機能を果たすという点で、貨幣は精神分析における『死の本能』が遂行する役割を生命の循環系で同じく遂行する」[1]。『大学』の教えどおりにいえば、「身をささげて財を起こす」というわけだ。だからコミューンとは、まさにこの欲望、すなわち貨幣に憧れ貨幣化を欲望する配置から脱する戦略あるいはビジョンにならねばならない。すべてのものを交換として／によって理解する欲望、ひたすら貨幣の蓄積を通じてのみ存在の充溢感を感じようとする欲望、究極的には私的所有の神聖さを固守しようとする欲望。一言でコミューンとは「貨幣的ニヒリズムを作動させる」

このような「欲望の配置に対する抵抗であり、その外部を構成しようとする」[2]実験にほかならない。研究空間〈スユ＋ノモ〉の実験が、それに対する有効な戦略の一つになることを希望する。

3　コミューンの「政治経済学」

コミューンの経済学は、簡単に言えば、贈り物と贈与に基づいている。契約ではなく贈り物、交換ではなく贈与。契約と交換は表面的には自由で平等に見えるが、事実は決してそうではない。契約と交換の幻想が可能になるためには、何より諸対象の間の差異と異質性が縫合されなければならないが、その過程でおびただしい暴力が伴わざるをえないからだ。したがって、贈り物と贈与の経済学とは、単純に所有からの自由だけを意味するのではなく、無理やり縫い合わされた諸差異を自由に飛び回らせ遊ばせることで、お金に対する想像力を変換するという意味までをも込めねばならない。

(1) 蓄積ではなく、流れ！

お金に対する揺之不動の表象（あるいは通念）のうちで最も一般的なものが平均主義だ。すなわち、お金を量的にのみ換算する習俗。これこそお金に対する想像力を束縛する最初の要因だ。私たち研究室の一ヶ月の運営費は、千二百万ウォンほどにのぼる。最も重要な収入源は、当然、会員たちの会費である。会費納付率がほとんど九五％に迫る。これが可能な理由は、お金の金額、経路などを多様にしておいたことにある。まず、正規メンバーが出す毎月の一般会費も、二〇万ウォンから四万ウォンまで多様に幅がある。下限ライン四万ウォンというのが決まっているのみであり、全面的に自分が決める。年齢と学歴、職業などがすべて異なり、また時期ごとに経済的事情が変わることを充分に考慮したのだ。また、活動から遠ざかったり外国に出たりしている場合、会費を出さなくても問題ない。これは、単に収入の階級的格差などを念頭に置いたということだけではない。すなわち、収入が多かったり少なかったりすることだけではなく、各会員が家族関係および個人的ビジョン、そして倫理的立場などによってそれぞれ異なる方式でお金を使うことができるように気配りしたのだ。

普通の団体は会費を均一化する。また差をつけたとしても、非常に規格化された差をつける。いったんそうすれば、お金が自然な流れを構成することができない。お金とは何か？　流れこみ、流れゆくものだ。まるで大気のように流れ、ある偶発的因縁条件によって出会うのみだ。ある日ふと私のもとに来たように、どこかに流れゆかねばならない。したがって、お金は所有の対象ではなく、一種の流れだといえる。そして、そういった特質をよりよく活かそうとするなら、まず、お金が流れてきて、流れていくことができる多様な通路を作っておかなければならない。そうなれば、会員たちがみなお金に対して能動的に思考する訓練をするようになる。

研究室には会員たちが出す定期的会費だけではなく、不定期収入と特別会費という項目がある。不定期収入の大部分は季節ごとに一回ずつ入って来る講座収入だ。大概の市民アカデミーは講座を主たる収入源にするが、私たちはそうしない。講座収入の一割だけが研究室の会計に入ってくる。約二割は講座運営に、残りの七割は講師たちに返る。こういったかたちで配分をしたのは、講座の経済的自律性を最大限に活かすためだ。もし講座収入を主収入源にする場合、講座の興行可否が重要な変数となり、そうなると講座の本来の主旨、すなわち学びながら教えるという意味と食い違っていくからだ。充分に教えることができ、教える能力さえあるなら、どんな講義でも、誰でも講座を開くことができるということが私たちの原則だ。

そして特別会費は、まさに意外な経済的利得に対してその喜びをみんなで一緒に共有するために出すお金だ。そしてこれは、非会員の参与も可能だ。しかしながら、一般的な後援の概念とはまったく違う。会員ではないが、あらゆる方式で研究室の多様な活動に接続し、充分に共感を分かち合う人々が出すものだからだ。そしてここに、研究室の経済の秘密がある。会計状況を見れば研究室の活動指数がそのまま表れている。異質な諸関係が活発に構成された時は、お金があちこちから流れこんでくる。ところが活動がぱっとしなければ、お金の流れも鈍くなる。入ってくるお金だけではなく、出るお金も同じだ。流れてくるのと同じくらい、流れていくようにしなければならない。コミューンではお金を保存するのではなく、享受する知恵を学ぶ。組織を育てるためではなく、「今・ここ」のコミューンの活動と能力を増殖する手段にせねばならない。組織は大きくなるのに構成員たちの活動と能力の強度と密度が低くなるのなら、それはコミューンではない。コミューンはひたすら活動によって自己を表現する。お金はその活動にリズムを付与するのみ！

（2）「お金の叙事」を構成せよ

私たちの研究室では、隔週火曜日ごとに全体会議が開かれる。名づけて火工所／火公騒《ふぁごんそ》。研究室の生活全般について喧しく騒ぎ立てる時間だ。トイレ掃除から厨房当番、カフェ係、セミナーと講座等々。コミューン主義やノマディズムといった高談峻論から日常に伴う各種のこまごまとした話が縦横にやりとりされる公論［討議］の場である。最も重要な案件は会計報告だ。会計は厨房、カフェ、空間プラスなどに分けられる。三つの領域すべてが独立採算制で運営されているが、月末ごとにこれらが一つに集まり、研究室のメイン会計を構成する。ひと月に出入りするお金が大体一千万ウォンを超えるようになったので、集めるのにも使うのにも高難度の技術が要求される。

会計報告で重要なのは金額ではない。お金がどのように流れて来て、流れて行ったのかを一目瞭然にわかるように聞かせることが最も重要だ。特に、不定期収入および特別会費の場合、その月の活動評価にあたるので、その事情や経路を叙事的に編んでやることが絶対に必要だ。例えばセミナー会費が減ったということは、その月にセミナー活動が不振だったということを意味する。反対に、思いがけない特別会費が増えたということは、その月に新しい活動や関係がたくさん増えたという意味だ。その過程を通じてお金の流れ、お金の用法、そしてお金が与える多様な意味に対して実感することができる。いわば、お金の経路に叙事的肉体を与えること。そしてそうする時、お金は「貨幣の境界」を越えて生に息吹を吹き入れる表現手段になる。

そしてこの時、必ず喚起せねばならない事項が透明性である。通常、後援や特別会費は匿名にするのを願う。陰から静かに援助したいという気持ちからであろう。しかし、よく観察してみれば、その裏側にはお金に対する自意識がついている。自分の物を誰かに与える、というような。依然として「私的所有」の枠組みのなかにあるということだ。それに関連して、たいてい人は財産について話すことを憚る。ある意味、セックスよりもっと内密な領域が「私的所有」だといえる。多くの人は多いほどに、ない人はないほどに。お金で他人を支配する時には自らの富をすこぶる誇示するが、そうでない時は誰か知りはしないかとしっかり隠す。一体なぜだろう？ お金と自我を同一視するからだ。コミューンの経済学では、そういった自意識を解体しなければならない。お金は自分が持っていようがいまいが、私的に所有できるものではない。自分の体も自分のものではないのに、ましてお金はいわずもがな。だとすれば、自慢することでもないが、敢えて隠すことでもない。仏家でいうところの無主相布施とは、そのように高遠なものではない。主体も対象もない流れそのもの！ それならそれは透明に表現されねばならない。そうしてこそ、その過程を通じて皆がお金に対する用法を学ぶことができるからだ。（右手がすることを左手が分からないようにしてはいけないし、左足までもわかるようにしなければならない。）

　お金の叙事が重要な理由は、それがコミューン的政治経済学を学ぶ場であるからだ。したがって、叙事の性格によって触発される効果が大きく変わる。硬直した会計はお金の流れをとどめてしまうのみならず、お金をとても深刻に思考するように誘導する。反面、会計報告が軽やかならばお金の流れも活気を帯びながら、同時にお金に対する強迫から脱することができる。会計マネージャーに、特にユーモアと親和力、そして緻密さなどの徳性が要求されるのはそのためだ。

　この間の訓練おかげか、研究室には公的資金以外に多様な怪資金が徘徊している。怪資金とは、公的会計には入らないが、コミューン的活動には必ずや必要な資金のことである。例えば、学術振興財団から受けた研究費の場合、メイン会計とは別途の会計で取っておいて、日本、アメリカ、中国の知識人ネットワークのための翻訳費や旅行経費、そして研究室の会員たちの語学訓練資金として使った。いわば、新しい実験に投資したのだ。結果は常に黒字だ。なぜなら、それを通じて新しいネットワークが生み出され、会員の語学勉強が進一歩したからだ。ともに連帯する友人ができ、知的能力が増殖されたのなら、それこそお金がもたらしうる最高の幸せではないか?

　そうかといえば、個別的次元でお金の新しい流れを構成する場合もある。去年、キム・ヨンジンはポストドクターの研究費を受けることになるやいなや、何百万ウォンを貯めて後輩のイ・チャウォンを北京へと語学研修に送ってやった。もし他の場でなら、そのようなやり方でのやり取り自体がなされにくい。与えることも、受けとることも負担だから。しかし、実はこういう欲求はどれほど自然であろうか。幾分のお金を使っては節約する後輩に、ある能力を習得させてあげられたら!　その後輩の能力は皆に大きな徳を振りまくであろうからこそのこと、これこそ儲け商売ではないか?　お金が・人々の間の新しい欲望をかきたて、想像しかできなかった数々の関係を作り上げる、こういった実験は今後とも続くだろう。

（3）計算法を変えよ！

「私たちもスユのような組織を作ろうとしました。ところがスポンサーを探すことができなくて……」

研究室には多くの外国人が出入りする。日本、中国、アメリカ、カナダ等々。彼らが共通に口にする言葉がある。ずっと前からこんな共同体を夢見ていた、と。その次に付け加える言葉、しかし自分の国では到底不可能だ、と。よき友と一緒に勉強し、食事し、遊び、それとともに生と宇宙に対するビジョンを探求して……。少なくとも知的情熱をもつのなら、誰もがこんな空間を夢見るだろう。ところがなぜ不可能なのか？　いや、なぜ不可能だと思うのか？　もちろん、国ごと世代ごとに様々複雑な事情があるだろうということは十分に理解できる。また、いったん始めたものの失敗することもありうる。ところが私が惜しいと思うのは、活動を構成する基本前提についてである。すなわち、誰もが共同体を組織するためには制度圏の支援や資産家の後援が必要だと思っているようだ。実際に、後援会や資金繰りをするために東奔西走したりもする。ある程度お金ができてこそ、それで空間を賃貸し、その次に人々を呼び集めることができると考えているのである。まさしくここに落とし穴がある。

第一、共同体を始める時、お金を先に用意してはならないということだ。お金ではなく、活動と関係がまず先行しなければならない。いわば、夢とビジョンを探求する仕事、そしてその仕事を一緒にやっていく友の連帯がより重要だということだ。後援会などを期待してはいけない。どんな企業や財閥が、見込みも不透明な知識人共同体のために気軽にお金を出すだろうか。そして、たとえ投資をするといっても、そのお金がむしろ活動の障害になる可能性が高い。後援者の立場からは何か可視的な成果を期待するようになって、受けた方からは後援者に対する負債感のために焦るようになる。お金の額が多いほどそのような可能性はより大きくなる。そしてたいていの場合、巨額のお金が転がり込めば、果敢にお金を使って活動と関係を増殖させると考えるよりは、そのお金をどうやって殖やすか、あるいはそのお金をどのように守るかに没頭するようになる。これこそまさに、お金が人々の間を硬直させるやり方だ。反面、これはあまりにも当然だ。活動を通じてではなく、お金を通じて人為的に結合された関係だからだ。反対に、活動が先行すればこそお金の主導権を解体することができる。

第二、規模にとらわれすぎないこと。活動と関係はいつでどこでも構成することができる。数字は重要ではない。三国志の三人の英雄も桃源の決意を先に結んだのではなかったではないか。仏もたった六人の阿羅漢とともに修行共同体を始めた。天下を起こして、すべての衆生を救済する雄大な仕事でもこのくらいで十分だったのに、知識人コミューンはいうまでもない。実際、二人以上ならすべてがコミューンだ。空間も同じだ。独立した空間を確保する財源がなければ、自分が勉強する書斎でも構わない。町内図書館の一隅でも大丈夫だ。周辺の条件を最大限活用して空間を確保し、とりあえずセミナー［研究会］を組織せよ。必要なのは、ただ根気と情熱のみ。その過程で日常と勉強との間のギャップが少しでも縮まり、隣り合う諸関係を触発してみれば、コミューンは自然と進化していく。そうなれば、お金は自然に転がりこむ！　信じられないが、事実である。原理は簡単だ。お金は人を通じて流れるからである。だから、人が集まれば当然お金が一緒に来るのではないか。

第三、すべての活動にはリーダーが必要であるように、ここでもリーダーが必要だ。経済的偏差がある場合、より豊かな人がまずお金を振りまかねばならない。資本家たちがより多くの財産を増殖させるために投資をするように、コミューンにも人々を触発するために先導的に無所有を実践する人がいなければならない。このようにいうと、かなりの負担になるかもしれない。まず先頭にたって投げ込むお金がないのに、というだろう。ここで重要なのは、お金の金額ではない。友達と一緒に日常を共有するのに必要な経費、大部分は食事代だ。よく、お金を意味ありげに使うといえば雄大な大義名分や理念を先に思い浮かべる。つまり、品ありげに使いたいのだ。そんな発想は、コミューン的経済学とはほど遠い。何故なら、それもお金に自分の理念をオーバーラップさせる態度だからだ。コミューン的集合体に必要なのは、雄大な名分ではなく、日常の共有だ。日常を滑らかで愉快に楽しむためには、お金が必要だ。このようなお金はうやむやに使っているようだが、だからこそ人の間の結束力を高めてくれる。

例えば、初めて研究室を始めたとき、ほとんどのお金を私が出した。みんな貧しいおかげで（?）私が相対的にゆとりをもっていただけでなく、何より束縛されるところがなかったのでお金から一番自由だったからだ。あの時は規模が大きくなかったので、セミナーや会合の時ごとに毎回豪華な食事を振舞っても、それほどたいした金額はかからなかった。実際、そうする時に必要なのはお金そのものではない。いつ、どこででも喜んでお金を使うことのできる心がなければならない。あの時、私がしていた訓練は、お金の計算法を変えることだった。このお金を使うことでひき起こされる生の様々な変化を絶えず喚起してみるのだ。友達ができ、知的能力が高まり、それを土台に新しい活動が作られる。それは本当にお金に還元されない価値だった。単純無知にいって、資本は決して幸せをプレゼントしてはくれない。それなのに、他の選択がないがゆえに何がなんでも資本を追い求める。ところが、もしお金を投資することで友ができるのなら、そのお金は幸せの媒体になる。人々はどうしてそんなにも老後を不安に思うのか？　仕事も、友人も、家族も去るだろうと考えるからだ。それを、ただお金で保障しておきたいがために各種保険にあんなにもとらわれすぎるのだ。もし、ずっと続けれる仕事と友人がいたら、果たしてそのような必要があるだろうか？　その点でコミューンは十分に老後対策になりうる。大まかに計算するだけでも、儲かる商売だ。こんな計算法に慣れてしまうと、徐々に所有に対する自意識から脱していくようになった。時間差はあるが、おそらく他の会員たちもみんなこのような経路を経験していくだろう。「贈り物の経済学」から出発して「無所有の修行」まで夢見るようになったなんて、これよりも大きな贈り物がどこにあろうか。そして、資本に対するこれよりも確かな抵抗がどこにあろうか。

4　問題は「お金」ではない！

研究室は今や約八年目に入った。水踰里から大学路、大学路からまた苑南洞、苑南洞から南山のふもとに。空間が移動するほど多くの因縁の線が交差し、数え切れないほど多くの事件が起こっては過ぎ去った。人々に対する原則は簡単だ。来る縁は喜び、去る縁は軽く。そうしてこそ縁のすれ違いに対して無情になることができるからだ。事件もそうだ。悪いことは早く忘れて、良いことも長くは憶えていなかった。当初はそうするために努力を要したが、今は努力しなくても自然にそのようにできる。関係と活動が多様になっていくことで、良いことでも悪いことでも長くとどまることがなくなったからだ。長江の水が一ヶ所にとどまることがないように、私たちも茫々たる大海に向けて進むつもりだ。

ところが不思議なことに、お金が問題になったことは一度もなかった。それどころかお金の問題は規模が大きくなるほど、より簡単に解けた。別の言い方をするなら、共同体生活においてはお金よりもっと難しく大変な敷居が多いということだ。正直いって、お金に対する欲を捨てるのは容易い。それでは、自分の能力と個性、才能と気質はどうだろうか？　捨てることができるか？　決して容易くはない。それを捨てねばならないという事実さえ納得することは簡単ではない。しかし、その境界まで進むべきだ。いや、コミューンの活動密度が高まるほど、すぐさまそのような問題に正面からぶつかるようになる。私たちはもう分かっている。心が開かれるほどお金も流れて来るということ。反対に、心の壁が生じて流れがとどまる瞬間、お金も贈り物もそれ以上は流れて来ないということ。だから問題はお金ではないのだ！

註

（1）李珍景『未－来のマルクス主義』、グリンビー、二〇〇六年、三七三ページ。
（2）同上、一四八ページ。

Ⅲ　歩きながら問う

帝国の時代か、帝国の黄昏か？

韓米ＦＴＡをめぐる情勢について

李《い》・珍景《じんぎょん》・高《こ》・秉權《びょんぐぉん》

帝国の黄昏？

帝国の時代が始まったのか？　あるいは、帝国の黄昏が近付いているのか？　明らかなのは、少なくとも経済的にアメリカという単一の中心による支配が瓦解する臨界点を越えたという事実だ。ヨーロッパはユーロ体制を出帆させることによってドルから独立した経済圏をつくるのにある程度成功した。ＥＵという地域的国家連合体制を構築することで、アメリカという「国家連合」に対応できるだけの政治的経済的な体裁を整えたわけだ。アメリカの前庭だった中南米は、アメリカの多様な戦略にもかかわらず、今はベネズエラ、ブラジル、アルゼンチンなどを筆頭にアメリカから独立した国家を目指して大きな一歩を踏み出し、さらにアメリカに対抗する社会主義的連帯の戦線を拡大している。もう一方で、社会主義的市場経済をつうじて世界の工場として急速な成長を遂げている中国もまた、アメリカから脱した経済的圏域の可能性をそれとなく可視化させている。一時、韓国政府も関心を見せた東北アジア経済圏の可能性を、あるいはASEANを含んだ新しい地域経済圏の可能性を、ただ空虚なものとは考えられないのではないだろうか？　一部の世界システム論者が予測するように、「中国は」アメリカの代わりをする新たな中心として浮上しようとしているのか？　これに対抗するためにアメリカは急速にインドとの結束を試みる一方、中国に対する政治・軍事的戦略の変換をはかっている。しかし、それが中国の浮上そのものを阻むには遅れをとったようだ。

こういった事実は、世界経済におけるアメリカの中心的地位が以前とは違って相対化されていることを確かに見せてくれるものだ。のみならず、アメリカ経済もまた、徐々に自らでも統制しにくい危機の兆しを見せている。「帝国的支配」を維持するための巨大な軍事組織は、国家的政治や経済の論理から脱し軍事的な自己発展の論理にしたがって動き、国家全体をその論理でおしすすめており、冷戦の代わりをした「大テロ戦争」は国家そのものを軍事的組職のメカニズムの下に掌握し、一種の絶対的戦争として、恒常的な総力戦体制へと変換させた。これを維持するために、国家は巨大な費用を軍事予算に投入している（二〇〇七年度分として策定されたペンタゴンの予算だけでも四三九三億ドルにのぼる。ここにはイラク戦費、他の部署で使う事実上の国防関連予算は含まれていない。これを考慮すれば国防予算は七五〇〇億ドルを超え、甚だしくはある推定によると一兆ドルを上回る）。これによって一年の財政赤字はすでにGDPの六％を超え（約四〇〇〇億ドル）、累積赤字は八兆ドル（韓国ウォンで八〇〇〇兆ウォン）を超えた。

貿易赤字も巨大であり、すでに年間七二五〇億ドルを超えている。武器産業を除いた製造業は衰退して久しく、資本は金融化され、投機的利潤を求めて全世界を流れ回っている。そして、貯蓄率はマイナスを記録している。すなわち、貯蓄に比べて消費や投資者過剰の状態なのだ。その不足分はドルの追加発行や債券の発行で補っている。要するにアメリカ経済は、民間経済においては資本そのものが金融化され、生産と分離したままアメリカという境界を出入りすることで投機的資本として活動しており、国家がドルを刷り出し国債を発行して、そのお金で巨大な軍事費用を出費する一方、外国の商品を輸入して人民たちの消費を維持するという方式で動いているのだ。かつてローザ・ルクセンブルクが言ったように、軍事的浪費経済をつうじて不実化された経済を借金とドルで無理やりに維持する体制だということだ。これによりドル価値は非常に低くなり、いくつかの国でドル保有高を若干低めようとしただけでもドル価値が暴落する危険は持続する。しかし、巨大な債務や貿易収支赤字のために、ドル価値を上げることもできない状況だ。

以前なら人為的なドル減価をつうじて債務を減らすことにより貿易赤字を減らすことも可能だったが（一九八五年のプラザ合意）、ユーロのようにドルの代わりとなりうる通貨が存在する状況であるために、現在はそういった試みがドル自らの基軸通貨地位を脅かしうる。イランにおいてドルではなくユーロを決済通貨として使う石油市場を開こうしたのは、こういった状況の深刻さが臨界点に至ったことを示してくれる一つの事例だといえる。それにもかかわらずイラク戦争をはじめとして軍事と戦争などの非生産的支出は増加傾向をまったく緩めていない。そのためか、チャルマーズ・ジョンソン（Chalmers Johnson）のように、アメリカ内部にもすでに破局を予測する人々が頻繁に現われ始めている。「審判の日はすでに近づいている」。

帝国とその隣人たち

本当にアメリカは破局へと突き進んでいるのか？　帝国の黄昏が近付いているのだろうか？　少なくとも確かなのは、アメリカが以前のような経済的位相を長続きさせることは不可能になったという事実だ。このような事態を反映するがごとく、イラク戦でのアメリカの政治的・軍事的要求は、ヨーロッパを含めた大部分の国々に拒絶された。複数の中心、多極化された体制は不可避である。ヨーロッパがEUという巨大共同体を構築するにしたがって、アメリカも巨大な地域連合である米州共同体を試みた。しかしNAFTA（北米自由貿易協定）という悪い先例は、中南米の多くの国々をして莫大な政治・経済的負担にもかかわらずアメリカとのFTAを断らせ、政治的にも独立的な位置を確保するべく動かした。米州共同体に対するアメリカの夢は失敗に帰着するだろう。さらにイラク戦争の長期化はアメリカの政治・経済的負担をますます加重させており、漸増するイスラム民族主義は中東地域がアメリカの巨大な泥沼になる可能性があることを警告している。

日本はアメリカ中心の体制のなかで経済的利得を得ながらその体制を維持するのに一役買ったが（日本の経済的利得の巨大な部分がアメリカの国債買入に投与された）、プラザ合意による円高によって一〇年余りの長期不況を経験し、経済力が急激に弱まった。自動車は未だ強力な位置を維持しているが、電子産業をはじめとした先端部門では確固としていたトップの座をすでに譲り始めている。韓国と中国に対する日本の民族主義的反感を、このような経済的減少による「相対的剥奪感」に起因するものとして説明することにも、それなりの理由があると思われる。これは、東アジアにおける日本の政治的位相をより一層弱化させている。こういった点から、経済的にも政治的にも日本だけでは中国を牽制できなくなったということは、ここで長々と語るまでもないだろう。また一方で、韓国は、経済的にも政治的にも（対北関係の媒介者として）中国との関係が徐々に強化されている状況にあった。ここで、韓国が中国と緊密な関係を形成する場合——たとえ日本がアメリカとの関係の中で耐え忍んでくれるとしても——、東アジアにおけるアメリカの政治・経済的影響力は、もしかしたらアメリカに対抗する、あるいは少なくともアメリカの影響圏から相対的に脱したかたちでの国家的連帯につながる可能性が非常に大きくなったとは言えないだろうか？　それはおそらく、アメリカとしては最も避けたいもう一つの現実につながりうるものだろう。

こうしてアメリカは「戦略的柔軟性」に対する合意を得ることで軍事戦略の変換を果たす一方、中国を狙った戦略的変換の軍事的拠点として新しい基地を構築しようとしている。空港と港湾に連結可能な平澤《ぴょんてく》へと在韓米軍基地を移転・統合することは、こういった脈絡から理解することができるだろう。アメリカが最近韓国で軍事的戦略を転換し、作戦可能性の範囲を東北アジア全域へと拡大し、攻勢的柔軟性と機動性を強化する方向に進もうとしているのも、これと同じ脈絡にあるといえる。韓国との経済的関係を強化しようとすることは、こういったことと決して無関係ではない。政府の中でも言われているように、それは、軍事的性格を含んだ韓米同盟の観点からおし進められることだからだ。

以上が韓米ＦＴＡを規定する国際的条件である。

斜陽の帝国の最終電車に乗る！

アメリカが六者会談の枠組みを維持しながらも絶えず北韓［北朝鮮］に対する攻撃の口調を弱めないのは、ただ北韓に対する脅しを意味するだけではないだろう。北韓以上に、それは南北関係の改善に命運をかけている南韓［韓国］政府にとって、くらくらと眩暈をおこさせるような脅威になっている（そしてそれは南北関係を連結して両国、特に南韓との政治的位相を強化しようとする中国に対する牽制の意味も含まれていると思われる）。これにより、アメリカから自主外交を「宣言」した盧武鉉《の・むひょん》政府は慌ててその宣言を撤回し、アメリカとの同盟を強化する方式で南北関係を進展させるという戦略を採択した。ここに、対米関係を強化して北韓に対する攻撃を阻んでみせるという「使命感」を読みとることは決して難しい事ではない。アメリカと安保同盟を締結してアメリカからの危険を受け止めなければならないという逆説！

このような情況は、参与政府［盧武鉉政権のこと］が「オールイン」という極端な表現を使うことで、そして「参与政府」という名を裏切って排除的かつ一方的なやり方で、韓米ＦＴＡを推進することと無関係ではないだろう。政府官僚たちが誇らしく騒ぎ立てるように、韓米ＦＴＡは経済同盟でありながらも、同時に安保同盟である。しかしこれが本当に韓半島［朝鮮半島］を平和で安全にすることができるかは知りえない。アメリカからの即刻な安全は、中国との中長期的不安を準備することになるからだ。この観点から見れば、中国が現在韓米関係に対して警戒の水位をあげつつロシアとの関係を急速に強化しているのも、決して不思議なことではない。

いつの頃からか韓国経済において「中国機会論」(中国の恐るべき成長を私たちの経済発展の動力として利用しようというもの)は「中国脅威論」(中国は私たちをすでに追いこし、私たち生存を脅かしているというもの)へと変質した。この変質に関与した官僚たちの醜い権力ゲームはとりあえず置いておこう。百歩、いや千歩くらい譲歩して盧武鉉の言葉どおり、中国製造業の「脅威」をはじき返すためにサービス産業の競争力を強化せねばならないとしてみよう。しかし、本当にそれだけが問題ならば、私たちの社会を総体として危機に陥れる全面的経済統合協定であるFTAよりは、先進サービス技術の移転を有利な条件で誘導することができるDDA(ドーハ開発アジェンダ)のほうが、まだマシだったはずだ(もちろんアメリカはこれに強く反対するだろう)。経済的理由のみをもって韓米FTAを理解するのは不可能だという理由がここにある。私たちは、韓国政府の担当者たちがわかっていようといまいとも、今、FTA関連ロードマップが韓米軍事同盟の戦略的変換と同時に進行していることに、とりわけ注目せねばならない。

韓米FTAへの反対を「敗北主義」として責めたてる政府関係者たちに言いたい。私たちがより心配しているのは、交渉の「失敗」ではなく「成功」である、と。韓米FTAはそれが「うまくいく」場合にさえ、韓国とアメリカの経済的統合を加速化することでアメリカ経済と韓国経済を連動させるであろうし、そうすることでアメリカ経済と韓国経済の命運をともにさせるだろう。しかしこれは、いったん世界経済的観点で見るならば、斜陽の帝国の経済に便乗するため「終電に乗ること」だ。それはまた、一方の端がすでに沈み始めた空母に巨額の乗船料を払って乗りこむことにほかならない（昇る陽と暮れる陽を区別するのがそんなに難しいだろうか？）。

たとえこんな予測は受け入れないといわれても、少なくとも、双子の赤字とドル地位の動揺などに象徴される危機を常に潜在的に抱いているアメリカ経済の直接的影響圏の中にそのまま編入されることは明らかだ。それは、ＮＡＦＴＡをつうじてその道を先に進んだメキシコのケースから想像できるように、アメリカ経済の危機が直ちに韓国経済全体を揺るがす巨大な危機へと転換される関係の中に入ることを意味する。たとえば二〇〇一年から〇二年のあいだ、決して深刻だとはいえなかったアメリカの一時的景気低迷の際にも、メキシコの経済は生産と雇用が激減するという症状を甘受しなければならなかった（メキシコのＧＤＰ一％減少、一人当りＧＤＰ二・五％減少、アメリカ経済に直結されたマキラドラでは生産と雇用がそれぞれ九・二％、二〇％減少した）。それとともに、アメリカが軍事的投与と開発、戦争を通じてしか経済の活力を維持できないことを知っているならば、米国民が経済的理由から軍事的拡張を支持するように、韓国もまた経済的理由からでも常にアメリカがする戦争や軍事開発を支持しなければならないという、時遅き軍事主義に吸収される可能性が非常に濃厚だという点も指摘されなければならないだろう。

韓米FTA、理念的選択！

一方、私たちの考えでは、韓米FTA推進の主要論理の一つである「中国脅威論」の視角は、いみじくもアメリカの立場を韓国のそれとして同一視し受け取っているにほかならない。中国経済の成長が脅威になるということは、そのすぐ隣に位置し中国経済に「成功裏に」進入し、その成長を自国経済の推進力として繋ぎとめることのできた韓国ではなく、先に見たように、世界経済でそれを自分に対する脅威として受けとめるほかないアメリカ経済の立場であり、さらにそれを政治・軍事的に解釈し自分の影響力にたいする脅威として見るほかないアメリカ政府の立場であるのであって、中国を南北関係の媒介的な中間地帯として確保することができた韓国政府の立場ではないからである。

そのうえ、中国の製造業の追撃を脅威と感じ、それをすでに捨て去ろうとする「敗北主義的」戦略（「敗北主義」はFTA反対者たちのものではなく、FTA支持者たちのものだ！）に対して、韓国経済の内部に侵入しその成長を自分の成長と連動させることのできた日本のケースを挙げて反駁することもできるだろうが、ここでより根本的な問題とされるべきは、中国の成長に対する戦略以前にそのような成長を敵対的観点から解釈する立場ではないだろうか？　アメリカを通じて経済成長の他の動力を見つけようという試みですら、アメリカとの同一視ではなくアメリカを変数の一つとして考えることのできる視線が無ければ決して成功しえないということを、我々は彼らにもう一度指摘しなければならないのだろうか？　さらにまたもう一方では、サービス業の先進化によって競争力を確保しようという華やかな主張の陰で製造業を捨てるという、その言葉の恐ろしい意味を彼らは忘れているのではないだろうか？　製造業で雇用されていた人々、付け加えれば農業を生業としている人たちは、サービス業により先進化された経済の中でどうなるのだろうか？　六〇歳を超える農民たちが銀行やコンサルティング会社で仕事をするという素敵な未来を夢見ているのだろうか？　先進化された法律事務所やコンサルティング会社、保険会社、銀行などがこれらの人々の働き口を充分に準備できるのだろうか？　そのような失業の増加は、経済の先進化のためには避けることのできないものであると見なさなければならないのだろうか？　そうであるならば、そのような「先進化」、そのようなＦＴＡは一体誰のためのものなのだろうか？

このような点から、現在推進されている韓米ＦＴＡは戦略的選択というよりも、むしろ「理念的選択」のように思われる。アメリカニズムという理念。実際、ＦＴＡとはまさに交易条件を通じて貫徹しようとする集団的利益の集合ではないのか？　にもかかわらず、「集団的利益のためには韓米ＦＴＡが妨害されてはならない」という盧武鉉の態度は、それが利益の極大化のための戦略的選択ではなく、利益を離れた（離れたと考えられる）理念的選択であることを正確に見せてくれる断言であると言わねばならないだろう。南北関係に対する「使命感（または「一発主義」）」とアメリカニズムという理念、これこそ「運動圏出身」であることを自負し「参与政府」を自称する現政府が、全ての利益集団の要求に耳を閉ざし、農民をはじめとする数多くの民衆の叫びにも耳をふさいで、ただひたすら「オールイン」でやろうという原理主義的な推進力だと言わなければならないのではないか？

理念的選択が実用主義的かつ戦略的な選択の代わりになっているという事実は、今、韓米ＦＴＡを押し付けている高位の経済・通産官僚たちを見たとき、もう少し深刻で致命的なかたちで現れる。現在、韓国の民主主義、すなわちデモクラシー（democracy）は事実上、テクノクラシー（technocracy）に転換されつつある。テクノクラートすなわち技術官僚たちによる民衆（デモス demos）の追放が起こっている。テクノクラートたちは、様々な「例外状態（state of exception）」を設定することにより民衆的統制から外れ出し、自分たちの構想を一方的に押し付けている。彼らは「遅れれば淘汰される」とか「いついつまでに協議を完了しなければならない」という具合に、騒がしく緊急事態（例外状態！）であることを主張することで、また協議の前に我々の戦略を露わにしてはならないとして「秘密主義」（例外状態！）を主張することで、自らの支配力を拡大している。現在、議会は完全に無気力であり（彼らはＦＴＡについて国民よりも無知である！）、テクノクラートたちを統制するどころか、彼らの行動に付け添える理念的・道徳的な飾り物となっている。大統領でさえ、ＦＴＡについては後から遅れて報告を受け説得されるという具合に、官僚たちの支配体制が徐々に定着しつつあるのだ。その上、全てのイデオロギーから自由でもっぱら国民の利益を実証的にだけ研究するという官僚たちは、既に自分の利益のためにデータを操作し、健全な銀行を捨て値で売却することも躊躇せずにいる。しかし、テクノクラシー社会では、この全てのことが「非常に遅れて」明らかになる。事態は後戻りできないほど滅茶苦茶になってから、ようやく知らされる。韓米ＦＴＡがこれと違ったものになると考えられるだろうか？

私たちは何か別のやり方をするにもそんな道理もないような状況にどんどん入り込んでいるのではないか？　技術官僚たちの道徳と愛国心を、私たちは未だに信じなければならないのだろうか？　しかし重要なことは、彼らが道徳的で愛国的である時ですら、また、彼らが本当に自らの利益とイデオロギーから自由になろうと努力する時ですら、彼らは「アメリカニズム」から抜け出ることができないという事実だ。アリス・アムスデン（Alice H. Amsden）の表現を借りるなら、「アメリカ式に訓練された韓国の経済学者たち（ATKE, American-Trained Korean Economists）」が政府と企業、学会を完全に掌握しているのである。彼らの知識や学問、彼らの判断基準が全てアメリカで形成されている。彼らの大部分はアメリカに留学するか、アメリカの学問の中で成長した。彼らは理念から自由な客観的判断を下そうとするが、そのような時ですらその客観的判断の基準は徹底的にアメリカ的であるだろう。これが、韓米ＦＴＡという、深刻で巨大な事案でありながら余りにも準備ができていないものを、一年たらずの期間で、まともな研究報告書もなしに、果敢にも推進しようという理由であろう。

また再び「民族」の名のもとに？

もちろん、韓米ＦＴＡが強力に推進される理由はこれだけではないはずだ。これまでの間、歴史に残る何かをしようとしてきたが、実際にしたことといえば何もない盧武鉉政府としては、いくばくも残っていない期間の間、大きく目に見える可視的な成果を挙げる何かが必要であった（盧武鉉がよく使う「オールイン」という単語はこのような態度を端的に表現している）。おそらく、南北関係の進展はこのための最もたやすい、そして最も可視的な効果を持った答えの材料を提供するものであったことは明らかである。第二次首脳会談の開催、もしくは開城工業団地を拡大し、そこで生産されたものを韓国で生産された製品として表示してアメリカに売ること。とりわけ後者は、韓国資本に安い労働力を提供しながら北韓を韓国の経済的領域に引き入れる効果を持つだけでなく、経済的な窮地に陥っている北韓に対しても、上海のような自由経済区域よりもずっと統制がしやすい条件で経済的活路を開いてくれる可能性があるという点で、立派な「得はあれども損のない一手」と見なされているはずだ。おそらく、これがそこまで膨大な費用を払わねばならないにも関わらず、狂ったように陰でＦＴＡを推進する「経済的」理由だろう。北韓のミサイル発射によって緊張が高まったために、政府があんなにも執着していた開城工業団地問題は難関を迎えている。しかし、「オールイン」の博打打ち盧武鉉にとっては、［二〇〇六年］九月に予定されたブッシュとの首脳会談が自分の生涯において最大の博打を打ってでる機会になるのだろう。

そして、これがたぶん「民族解放」を自らのシンボルとしている韓国の一部運動圏勢力が、あきれたことに、アメリカに対する闘争が最も急を要するこの事案について反米闘争を率いるどころか「条件的支持」の立場に立とうとする理由であるはずだ。韓米ＦＴＡが北韓に開城工業団地という呼吸口を開いてくれるとするなら、それを支持できるという立場。重ねて、これを通じて南北韓の緊張を緩和し軍縮に導くことで過度の国防費を削ることができるなら、韓国社会における経済的両極化［格差社会］の解消ための財源を準備することもできるであろうという考え。民族と統一という名により反米を叫んできた彼らが、再び民族と統一という名によりアメリカと手をつなごうとする怪異な歴史的アイロニーを、いったいどのように受けとめればいいのか?

このような点で、韓米FTAは民族主義陣営に一種の亀裂をもたらすかもしれない。反米という民族主義的性向と統一運動という民族主義的性向の分裂が発生する可能性を、すでに事態がここまで来た今、有り得ないと言うことがいったい誰にできるだろうか? その場合、韓米FTAは民族主義陣営の動揺と分裂が始まる契機となるであろう。老婆心から言うならば、これは、韓国の民族主義が右翼の理念として定着するという典型的な近代的配置への変換を示す分水嶺になるかもしれない。韓国で過去の右翼たち、本当に守るものといえば目の前の利益しかない親米・反共主義者たちの代わりに、文字通り民族という名のもとに呼びかけ、思考する典型的右翼が、韓国の政治勢力図のなかで保守派の場所を占めるという移動と変換が出現することになるのではないか? 反米でない民族解放派の出現は、文字通り「親米民族主義」ないし最小限「反 - 反米民族主義」が韓国の政治勢力図において実質的な存在として可視化され始める一つの徴候として見なければならないのではないか?

今、闘争の主体と闘争が要求するべき権利について悩み始めなければならない時が来た。韓米FTAは闘争の主体に関して、私たちに重要な問いを投げかけている。私たちの闘いを色褪せた民族解放闘争の地平に閉じ込めてはならない。民族が闘争の主体として呼びよせられるのは、様々な意味で望ましいことではないからだ。前に指摘したように、民族主義勢力の中の一部が見せている韓米FTAに対する定まらない態度は、闘争の戦線に対する潜在的な危険となるだろう。韓米FTAに反対する理由が、ただ民族的自尊心や民族的自立性を強調する方向に進むとすれば、南北首脳会談や南北経済協定、六者会談などの問題が可視化される時、闘争がその針路を喪失することになるのは言わずもがなである。

さらに、闘争の主体として民族を呼びかけることは、「到来するであろうFTAの災い」を「すでに」体験している私たちの社会の多様な少数者（マイノリティー）の問題を隠蔽する効果をもつだろう。私たちに新しいものとして近づいてくるように見えるFTAは、経済学的総量指標と経済的利益の計算、そして市場と経済力、新自由主義という名によって、障碍者、移住労働者、非正規職労働者、女性、若者、そして干潟に住む生命体全てに、既にとっくの昔にやって来たものであるからだ。私たちの社会は、彼らにたいする搾取を助長または幇助してきたということに気付かねばならない。韓米FTAはその災いの規模と強度を、これ以上ない最大値に増幅することで、人ごとだと簡単に片付けていた問題が決して人ごとではないということを知らしめてくれる伝令のようなものである。したがってFTAに対する闘争は、民族ではなく、この全ての少数者たちから、この全ての民衆たち、この全ての大衆たちから始まらなければならない。

何よりも私たちは韓米FTAにより不毛化する私たち自身の〈生〉〔いのち・いきざま・生活〕、大衆の〈生〉、さらに生命全体の問題を直視し、それと繋がって闘争しなければならない。FTAを通じて発生するであろう農民層の大々的崩壊、そして遺伝子操作食品や環境問題などによって脅威にさらされる私たちの生命活動自体の、そしてFTAと共に本格化する労働、保険および医療問題、文化的自生力の問題などなど、あらゆる集団的利益の全体を一つに集めることで、FTAという虚構の全体利益に対して、GDPのような総量的経済指標や南北関係や「競争力」といったイデオロギー的概念で宣伝される「普遍的利益」に対抗し、私たち自身の〈生〉の一つひとつと繋がった「具体的利益」の問題を通じて思考し行動しなければならない。また、このような生存と生活の問題は、生命の問題として、私たち自身の生命力を確保し守るための「生命権」、「〈生〉の権利」の問題として提起されるべきであり、これを通して自らが生きている場所で生きようという平澤の農民たちの闘争、開発という美名のもとに死へと追いやられるセマングム干潟の生命体たちの生存を生命の権利として共に思考する契機にしなければならない。

私たちが闘争の意志を確固にする限り、おそらく、韓米FTAはそのために予想される被害範囲の広さによって、今まで散らばったままに散在しつつ存続してきた韓国の社会運動を、再び一つに集結させてくれる役割を果たすだろう。私たち各自の利益から始めはするが、私たち自身の利益を超えて他人の利益に配慮する連帯の契機、私たちの生存を超えて私たちと諸々の生命体たちの生存と生命までをも〈わたし〉の問題として考慮し配慮する連帯の契機、そしてそのような連帯が革命的な情熱として凝集されうる「凝縮」の契機をもたらすだろう。三ヶ月の間に集結した闘争の隊列は、このような予見に対する強力な証拠であろう。

反面、準備がないだけに、ひたすら非公開と秘密主義なしには何もできない、ただ開放するというほかには協議の術数すら持っていない官僚たちの無能力と、具体的な内容について特に関心もなく、知識も無い、ただFTAをやらなければだめだという「理念的」当為論のみを声高にしゃべっているだけの保守派の対応は、我々が叩き壊そうとしてもその内容すらないという奇妙な難点だけを除けば、非常に脆弱なものであることは明らかだ。説得することができる内容や資料の不在に象徴される官僚たちの無能力は、すでに大衆はもちろん保守派や与党議員たちの目にも映っており、このため中流階級の動揺まで起きている。おそらく、私たちは久しぶりに目に見える勝利を勝ち取る闘争をすることになるだろう。

危機に陥った生命、その権利を問う

研究空間〈スユ＋ノモ〉、大長征にあたって

研究空間スユ＋ノモ　首長　高秉權《こ・びょんぐぉん》

研究空間〈スユ＋ノモ〉の研究者たちはセマングム[1]からソウルまでの千里[2]の道のりを歩き、路上で勉強することを決心しました。資本と権力によって、とりわけ韓米自由貿易協定により危機に直面している生命の権利、生の権利を守り育てていくためです。歩きながら問い、問いながら歩いていく。偽りのビジョンと約束によって犠牲となった、あのセマングムの干潟から、国益という名の下に生の基盤を差し出さねばならない農民たち、非正規労働者たち、芸術家たち、国家安保という理由で自らの大地を失った平澤《ぴょんてく》市大秋《てちゅ》里[3]の住民たち、そして単に市民となるために命を懸けなければならない障がい者たち、労働を提供することができるのみでいかなる権利も持ちえない移住労働者たち。この全ての大衆、この全てのマイノリティたちが闘うその道の上で私たちは学ぼうと思います。学ぶために歩き、闘うために歩きます。この全てのマイノリティ、この全ての大衆の形象が私たち自身の形象に他ならないことを知るために、そしてそれをまた全ての人々に知らせるために、千里の道のりを力強く歩きます。

1　私たちは韓米自由貿易協定に反対するために歩きます

私たちは「韓米自由貿易協定」に反対します。「韓米自由貿易協定」は単なる自由貿易協定ではなく両国の経済を統合しようという協定であり、さらに私たちの生の米国的再編を要求する協定です。私たちは「韓米自由貿易協定」が経済的災いであるに留まらず、私たちの生の全体に災いをもたらすであろうと確信しています。しかし私たちはまた、「来たる」韓米自由貿易協定が私たちのなかで「既に」作動していることを知っています。私たちの社会にいまだやってきてはいない自由貿易協定の災いを既に体験している多様なマイノリティたちがいます。海へと通ずるセマングムの最後の水路にコンクリートが注ぎ込まれた日、平澤の大秋里の野原がパワーショベルで掘り返された日、命を懸けた篭城にも無反応な市庁前で重度障害者たちが剃髪した日、私たちはそれを確実に悟りました。

私たちの傍らの多くの人々が倒れていくのを見ながら、私たちは政府の言う「利益」というものに対してはっきりと問い質すべき時だと考えました。政府は地域開発のために不可避であるとして、干潟の生けるものたちを殺しました。自由貿易のために不可避であるとして、農民たちに死亡宣告を下しました。企業競争力のために、優良企業を誘致するために不可避であるとして、労働をフレキシブル化し非正規職を量産しました。福祉予算がないために不可避であるとして、障がい者を荷物のように施設に放り込んでしまいました。産業上の必要のために不可避であるとして、移住労働者たちにきつい仕事を押し付けておきながら彼／女らの法的・経済的権利は否認しました。

全体の「利益」のために「不可避」であると語る政府にいま問い掛けたく思います。既に骸と化した干潟の生き物たち、生を営む場を失った漁夫と農夫たち、既に全労働者の半分を超えた非正規職労働者たち、単に市民として生きていくためにも闘わねばならない障がい者たち、産業的必要性が認められるのみで政治的社会的必要性は拒否された移住労働者たち。「不可避である」として排除されたこういった人々を除いた残りの「全体」とは誰であり、その利益は誰の「利益」なのか、答えることを要求します。「既に」自由貿易協定状況のなかに存在するマイノリティたちの名において、そして「来たる」自由貿易協定状況のなかに存在する数多くのマイノリティたちの名において、私たちは盧武鉉《ノ・ムヒョン》政府に問い掛けるために歩きます。

2　私たち全てがともに闘うために歩きます

最初は水と土と風がマイノリティでした。最初はセマングムの貝と千聖山《チョンソンサン》のチョウセンサンショウウオだけがマイノリティでした。最初は老いた農夫と漁夫だけがマイノリティでした。最初は障がい者と非正規職、女性、青年たちだけがマイノリティでした。しかしいまや万物がマイノリティです。

私たちはこの全ての闘いがともになされているということを証明するために歩きます。それぞれが置かれている生の具体的状況が異なり、それぞれが守りたい生の内容が異なっていても、私たち全てはそれぞれの生が破壊された理由を、他の破壊された生のなかにも見出します。私は私の場で闘うけれども、私の友の闘う場が同時に私の場であることを知っています。そこで私は私の友にむかって歩いて行きます。差別の条里空間において私たち全てが障がい者であり、市民権の拒否される所において私たち全てが移住労働者であり、生の不安定な所において私たち全てが非正規職労働者であり、生を営む場を失うこととなった所において私たち全てが農民であり、生命を脅かす所において私たち全てがセマングムの貝です。この全てのものたちと出会うために、この全てのものたちと生をともにするために歩きます。

3　知識人たちが大衆的身体性をもつよう促すために歩きます

私たちは抽象的な指標と統計数値で大衆の具体的な生を表現する知に反対します。セマングムの干潟の価値をそこに建てられる工場の価値で表現し、コメ市場の開放で流浪することとなる農民たちの数を都市に新たに生じるサービス職の数と交換できると考え、ＧＤＰ何％成長で大衆の生の全体を語り得ると考える知識人たちを批判します。

私たちは大衆に訓戒する知識人、大衆に対して憐れみをもつ知識人をともに拒否します。私たちは知識人が大衆と出会うことのできる唯一の道は知識人自らが大衆たることのみであることを知っています。私たちは何よりも私たち自らが大衆でありマイノリティであることを悟るために、また私たち自らが大衆に、マイノリティになるために歩きます。〈研究空間スユ＋ノモ〉で私たち自身がともに食べるご飯を作るように、私たちの精神の大衆的身体を作るようにします。私たちの言葉を武器となり得るほどしっかりしたものとするために道を歩きます。

4　私たちは生命の権利、生の権利を要求するために歩きます

「韓米自由貿易協定」反対闘争を繰り広げるなかで、私たちは権力と資本によって私たち自身の生、大衆の生、さらに生命の全体が大きな問題に直面していることに気付きました。保健と医療サービスの両極化、農民層の大々的崩壊、労働条件の不安定性、文化的自生力の喪失、遺伝子操作食品や環境破壊による生命の脅威……。韓米自由貿易協定は他ならぬ私たちの生の一つ一つを危機に追い込んでいます。

私たちが向き合っている危機は生存と生活、生命の問題です。したがって私たちの闘争は、私たち自身の生命力を確保し守るために「生命権」と「生の権利」を要求するものです。それはセマングムの干潟の諸生命体とともに生存の権利を要求するものであり、自分が住みたい所に住み続けようとする平澤の住民たちとともに生の権利を要求するものです。生の基盤を脅かされている農民たちおよび芸術家たちとともに闘うものであり、低賃金と劣悪な労働環境、強制退去の恐怖のなかに暮らしている移住労働者たちとともに考えることです。私たちは生態の多様性を守る闘いを文化の多様性を守る闘いとして、さらに生の多様性を守る闘いとして理解しています。そうして私たちは私たちの生命に笑いを、私たちの生に対案を見出すために歩きます。

5　遅れないために、恥ないために歩きます

セマングムの海水遮断工事が終わった今、私たちの行進は遅すぎたかもしれません。大秋里が軍事施設保護区域に指定され軍の投入を目前に控えている今、私たちの行進は一足遅かったかもしれません。何より韓米自由貿易協定の協定文書草案が既に作成されたといわれる今、私たちの行進は既に手遅れかもしれません。しかし全ての行動はそれがもたらす未来に対しては遅れていません。いつだって後悔だけが遅れているのであって、行動は決して遅れていません。だから今、歩きます。

セマングムの一億二千万坪。それは世界干拓史上の偉大な業績ではなく、歴史に長くとどめられる私たち自身の無知と羞恥の広さです。平澤に作られる米軍基地は世界最大規模を誇っていますが、それは私たちの自負心ならぬ恥の規模となるでしょう。韓米自由貿易協定の類例のない全面性と強度は以後米国の全ての自由貿易協定交渉の試金石となるだろうといわれていますが、それは全世界的災難の水門を開いた私たちがいつまでも背負い続けなければならない岩となるでしょう。私たちはこれ以上このような恥を許さないために、まさに今歩きます。

訳註

（1）セマングムとは、一九九一年より国家事業として干拓が進められている全羅北道の群山《くんさん》、金堤《きむじぇ》、扶安《ぷあん》にまたがった干潟に、事業推進とともに付けられた名称である。隣接地帯のうち穀倉地帯として有名であっ

た萬頃《まんぎょん》と金堤《きむじぇ》にあやかろうということで「新《せ》しい萬金《まんぐむ》」と名付けられた。環境破壊であるとして反対の声も広く存在しており工事は一時中断されていたが、法廷で推進派が勝利したため事業は現在推進中にある。

（2）日本の里で言えば百里。

（3）在韓米軍再編の一環として米軍基地の移転が計画されている地域の一つで、土地買収に応じない人々に対しては強制収用するとの立場を昨年国防部が明確にして以降、政府と地域住民との間での闘いが活発に続けられている。（※二〇〇七年三月末までに住民たちが「移住」するとのことで「合意」した）

歩きながら問う

研究空間〈スユ＋ノモ〉と삶（サルム＝生活・生命）

今 政肇

おおごとになっとるんよ。
海の貝がみんな死んで、チルグラク（？）がみんな死んで、ハマグリまで死んどる、今、みな死んどるんよ。
水の色も変わって、みんな、みんな
土、干潟の色も変わって、今
おおごとになっとるんよ。

——界火島婦女会会長　チュ・グィレ

研究空間〈スユ＋ノモ〉はいわゆる運動団体ではない、研究者の共同体（コミューン）である。しかし、二〇〇六年五月、彼らは「大長征」と称し「歩きながら問う」というテーマを掲げ、干拓事業により渇き死にしつつあるセマングムの干潟から[2]、迫り来る韓米FTAと新自由主義に抗する忠清道の穀倉地帯、米軍爆撃訓練を中止させた梅香里《メヒャンリ》、米軍基地拡張に揺れる平澤、そして移住労働者労組が活動するソウル郊外の安山などを経由し、首都ソウルに至るという約四〇〇キロの行程を一二日間かけて歩いた[1]。また、その後もソウルの街頭とサイバー空間を舞台に、腰が重いはずの研究者集団にしてはかなり活発な活動を繰り広げている[3]。

さて、研究空間〈スユ＋ノモ〉は韓国の人文科学研究者の間ではある程度知名度があるのだが、一般社会にその活動がそれほど広く知られているわけではない。名前の真ん中に足し算が入っている妙な団体名を初めて聞く人々の中には何をどう研究する団体なのか分からない人も多い。「名前を聞いて、てっきり授乳（スユ・韓国語で同音異語）を奨励する団体かと思いました。」などと言われたり、間違いではないのだが「スユプラスノモ」ではなく「スユたすノモ」と言われたりもする。それはともかく、研究空間〈スユ＋ノモ〉の由来が、韓国の近代性を批判的に探求する韓国文学研究者のグループ〈水《す》踰《ゆ》研究室〉と、〈研究空間ノモ〉という運動圏の思想研究サークルが一九九七年から共に活動するようになったということにあるという説明を聞けば、その名前は多少ぎこちなくとも理解できないものではないだろう[4]。名は体をあらわすというが、〈スユ＋ノモ〉という名の〝＋〟の部分こそが、固有名詞に指示された部分よりも、この研究共同体の接続する空間・機械としての性格をあらわしているとも言える。これは実際に一緒に時間を過ごして見なければ外からは分かりにくい、特定の人物やグループに還元されない〈スユ＋ノモ〉の独特な領域でもある。それは、簡単に言えば生活というものに関係しているに過ぎないのだが、研究者のグループまたは運動家のグループとして捉える視点からは見えてこないものでもある。

事実、そうした視点の一つが、研究空間〈スユ＋ノモ〉と言えばその創設者の一人である李珍景《いじんぎょん》氏が率いるグループだという漠然とした思い込みである。かつて〈ソウル社会科学研究所〉で学生運動の思想的リーダーの一人として名を馳せ〈研究空間ノモ〉を立ち上げた〝李珍景〟の名が、その時代を通過した者にとって特別な意味を持っていることを考えればこれは仕方がないことなのかも知れないが、往々にしてそのような文脈で研究空間〈スユ＋ノモ〉とその換喩としての〝李珍景〟を見る視線には、「あいつ（ら）は何かをするんじゃないか」という期待感と表裏一体となった「あいつ（ら）は何もしていないじゃないか」という背信感が、意識的にせよ無意識的にせよ混ざっているのも事実である。実際、この五月に四〇〇キロを「歩きながら問い」始めるまでの極めて〈スユ＋ノモ〉的な「運動」といえば、普段は食卓にしてある卓球台にネットを張って打ち合う午後の卓球、屋上で数人が輪になって重りのついた羽を地面につかないように蹴るチェギチャギ、そして日課としての食後の散歩のことだという仲間内の諧謔が妙に実感を持って語られるほど、〈スユ＋ノモ〉では政治的な意味での「運動」は殆ど個々人の裁量で行っていた。[5] また、そうした左翼分子でありながらものどかに（？）過ごす姿は、当然のごとく運動圏の一部からは社会的運動よりも仲間うちだけで楽しく生活しつつ知識を弄んでいる奴らというように見られることがあったようである。[6]

しかし、今年の四月の始めごろを境にして〈スユ＋ノモ〉の「運動」が持つ意味は、幾つかの偶然の出会いが必然であるかのように繋がっていくことによって、劇的に変化することになったのである。堰を切ったかのように、移住労働者の滞在・労働権闘争、障害者の移動権闘争、平澤基地拡張反対闘争、セマングム反干拓闘争、韓米FTA阻止闘争、これらが一度に〈スユ＋ノモ〉の活動の中に押し寄せてきたのだ。逆に言えば、〈スユ＋ノモ〉が堰を切ってこれらの運動に接続したとも言えるのだが、現在の代表である高秉権《こびょんぐぉん》氏の言葉を借りれば、〈スユ＋ノモ〉が今回それらの闘争に繋がることが出来たのは、仏教の言葉でいう縁だと、またそれらの縁があってこそ私たちは動き始めることが出来たのだと言う。(7) そうした縁起の経過をこの限られた紙面の中で一つ一つ挙げることは不可能なので、乱暴を承知でまとめてみれば、去年の末ごろから移住労働者労組の研究や、障害者の人権問題という少数性の問題に関わる研究活動を通じて人々に出会いそれらの運動に呼吸を合わせ動き始めていた〈スユ＋ノモ〉に、韓米FTA交渉だの、平澤基地拡張に伴う農地強制収用だの、セマングム防潮堤の完工だのという、国家及び資本の暴力の問題が外因的に押し寄せてきたとでも言えば良いだろうか。

セマングムの防潮堤のうえで

しかし、これらの問題に限らず直面すべき社会問題は今までにもあったのである。それなのになぜ〈スユ＋ノモ〉という研究者の共同体はそれらの社会問題に働きかけようとしなかったのか。

運動団体ではなく研究団体だから運動しなかったと言うのは分かりやすいが、それはただの同語反復であると共に、マルクスやドゥルーズだとかいう運動圏に関わるような研究を大学の外でわざわざ続けてきたことの説明がつかないのではないか。このことは上に述べたような学生運動世代の李珍景コンプレックスとでも言える感情（?）とは無関係に個人的に非常に不思議だったので、李珍景氏その人に直接聞いてみたことがある。なんで今までやらなかったのに、今になってやりはじめたのか、と。そこで返ってきた答えは筆者にとっては意外なものだった。彼曰く、今までは共同体としてそんなことをする余裕も能力もなかったというのである。創立時から集まってもやること為すことばらばらであった集団を共同体（コミューン）として運営することだけでも相当な労力を要するものであったし、また、集合的身体として動くことが出来るようになるのには今までかかったというのだ。そうした意味で、今回の「大長征」はそれぞれ特異性を持った人々が集合として運動するということの試みであり、それが全く問題がないわけではないにしろ成功したということなのだ、と。

ここで「大長征」について少し補足しておくと、歩いたのは研究室の皆ではなく役割分担があったということである。まず、歩きはじめる前にインターネット上でブログ活動を始めていた二〇代のネット世代中心にF-killer[8]が結成された。続いて「大長征」行動隊の中心で始めから終わりまで完走するグループ一〇名ほどからなる行動隊であるコンバット[9]が結成され、それとともにホームキーパーという食事や水などの飲み物を研究室から運ぶだけでなく、車

荒れ果てたセマングムの干潟に立ちすくむ高代表（プラカードには生命に笑いを!!と書かれている。

で伴走し必要な時に支援をしたり、もしくは後方に残って普段の研究室の生活を続ける支援部隊が結成された。こうすることで、デモの前線に立つことが好きなような性格の人間だけが参加するのではなく、それぞれが出来ることもしくはしたいことを受け持つことで共同体としての運動をすることが出来たということである。また、これらの三つの部隊への帰属は各々の中心メンバーを除けば大まかなものであって、役割分担の義務と自分がしたいことを調整して、ある日には歩いたり、ある日には後方支援にまわったり、休んだりということが出来たのだ。

こうして、「大長征」で試されたのは、研究と生活と運動を共同体としてすること、そしてそれを各々の意思と能力にしたがっていかにするかということだったのである。また、これは各々の活動が〈スユ＋ノモ〉が重視している贈

長征の行進

与の理念に基づいてなされるということをも意味する。これは何でもないことのように見えるのだが、実はそう簡単なことでもない。なぜなら共同体として「運動」という目的を掲げることは、その構成員の活動の自由（例えば「歩くのはちょっと……」という態度をとる自由）を道徳的なコードで読み替えることで容易に制限したり侵害するようになる恐れがあるからである。もしそうなれば、単に個人の自由だとか権利だとかいう問題を超えて、自発的な運動本来が持つ力を発揮することは難しいだろう。幸いなことに、筆者の見るかぎり、今回の「大長征」およびそれ以降の活動を見るかぎり、それぞれが自発的に責任を持ち活動をすることに、完璧ではないにしろ、成功しているように思われる。なぜなら「大長征」が確認したことは、一日に三〇キロ以上歩きながらシュプレヒコールを叫ぶ以外にも出来る事が、ただ研究室に顔を出すという一見何もしていないようなことも含めて、その「運動」の一環の中にあるということだったからである。

また、このことから窺えるのは、〈スユ＋ノモ〉では運動や研究が常に生活としてあるということである。そのような意味で、この五月に社会的に可視化した〈スユ＋ノモ〉の変化は劇的なものであったが、あくまでもそれは目に見える形で起こったという意味で劇的なだけであって、実は〈スユ＋ノモ〉の毎日の共同生活の中で目に見えないような変化というものが既に起こっていたのだと言えるのかもしれない。そして、そのような生活の中で共同性が鍛えられることで、道徳という名の嫉妬を超えた贈与の関係と持続可能で自発的な闘争を「大長征」という形で生みだすことが出来たのではないのだろうか。ここで付け加えると、そのような変化する領域こそが〈スユ＋ノモ〉の〝＋〟で表わされるものではないだろうか。

今回の「大長征」で出会った人々も、どこかそうした生活から生まれる共同性を持っていたように思える。例えば、干拓され干上がりつつある全羅北道の干潟セマングムで私たちを案内してくれたコ・ウンシク氏は、セマングム干拓事業が始まったその昔に補償金を受け取ったにも関わらず、セマングムを去らずに運動を続けている。「補償金もらったくせに」とか言うムラ社会的な道徳意識を超え、ほんの二、三ヶ月分の収入にしかならない補償金でも受け取ったからこそ、生涯を支えてくれたセマングムに対してすまないという一念で闘っているのだという。また、この干拓事業は我々漁民が反対しているように見えるが、干潟に住むものたちこそ最も強力に反対しているのだと彼は言う。二六年間干潟に出てハマグリなどを採ることで生計を立て娘二人を大学に送ったチュ・グィレ氏は、セマングムの防潮堤が閉じられて一八日目に初めて小雨が降った時のことを語ってくれた。一八日間塩水なしで土の奥底に潜んでいたコブシほどもある干潟の女王のような大ハマグリたちが雨を潮が満ちてきたのだと勘違いして干潟の奥底から湧き上がるように一斉に出てきたんだ、と。そして、落ちてくる空に向かって口を開きながら雨粒に打たれ死んでいったのだ、と。それを見て胸が痛くて、それがセマングムの最後だと知って、他の皆が最後の荒稼ぎをして二〇万ウォンも採っているのに四万ウォンぽっちしか稼げなかったと、まるで自らを養ってくれた貝たちが、自らの子供達であるかのように語ってくれた。環境団体の殆どが諦めてしまった今も彼らは「堰を切れ」と叫び続けている。そして、海がそうしてくれるのだと信じている。[10]

破壊されたテチュリ小学校の瓦礫の上に「平和」と書かれた旗が掲げられている。そこに長征のメンバーがスユ十ノモの旗を添えている

　実は、米軍爆撃訓練地として苦しん

だ末に昨年これを閉鎖に追い込んだ梅香里でも開発資本による干拓で海が破壊され漁民は工場で働くか観光客相手に商売しなければならなくなっているという話を聞いた。また、皮肉なことに、米軍基地拡張問題で土地強制収用の危機にある平澤のテチュ里、ドドゥ里も五〇年代の米軍基地建設で追い出され移り住んだ干拓地の上にあるという。もちろん、彼らの土地は国家プロジェクトではなく、住む土地がなく殆ど素手で数十年にわたって韓国有数の穀倉地にしあげた土地である。そして、今その土地を国家に奪われようとしているのである。ここで何かつながるものがあるのではないか。〈スユ＋ノモ〉の「運動」の基盤にある多少不真面目ではあるが愉快な「運動」の循環を支えているもの、セマングムで生活する漁民たちが取るものは堂々と取りながらも常にそこにある他者を慈しむこと、そして平澤の農民たちが海から奪うことで育てた大地で国家の収奪に抗し鉄条網と軍に囲まれながらも「今年も農を営もう」と言うこと。삶（サルム＝生命・生活）の自由かつ不均衡な循環（贈与）の空間を資本の暴利幻想や戦争の恐

テチュリの道を行く長征メンバーたち。戦闘警察のバスが脇を通る

テチュリ近郊の橋の上を行く長征メンバー

怖に抗して、道徳を裏切るものたちとしての生活者たちの連帯を通して勝ち取ること。そうしたそれぞれの場からどれだけ力を発揮することができるのか。たんに生活を運動につなげるだけではない、その速度と密度が問われている。[11]

あなたの立っているその場所で闘ってください。
あなたの友が立っているその場所で闘ってください。
水と土と風が闘う場で、
干潟の貝と野の穀物が闘う、その場所で、
農民と労働者、青年、女性、障害者、学生、芸術家が闘う、その場所で、
万物が少数者として闘争するその場で、
あなたも闘ってください。
Be the multitude! Be minor!
今すぐ大衆となって下さい。

長征の様子は刻々とカフェの展示場でホームキーパーに伝えられていた

私たちの能力がとどく限り――
それが私たちの権利なのです。

――高秉權代表の少数者宣言より

註

（1）この文章が執筆された二〇〇六年夏以降、これらの状況は変化している。その流れを大まかにここに記すと、次のようになるかもしれない。二〇〇七年二月、米軍基地の拡張に抗して村を守ろうとしていた平澤の農民たちは強制移住を余儀なくされた。二〇〇七年四月、韓米ＦＴＡは締結され、現在は国会での審議を待っている。二〇〇七年一一月、セマングム特別法が国会で可決され、セマングムの干拓事業は中東のオイルマネーなどの外資の誘致を促進する方向で開発への道をひた走っている。また、移住労働者をとりまく状況は、移住労働者労働組合の幹部三名が二〇〇七年一一月に強制国外退去になるなど、厳しさを増している。

（2）セマングムは全羅北道の黄海沿岸にある世界五大干潟のひとつであったが、現在は三三キロメートルに及ぶ防潮堤により面積四万一〇〇ヘクタールが海から切り離され、消滅の危機に瀕している。

長征から帰ってきて直後の街頭宣伝戦の準備会議

（3）これらの活動の一端は www.transs.pe.kr で窺う事ができる（一部、日本語・英語・中国語訳あり）。
（4）研究空間〈スユ＋ノモ〉の更に詳しい来歴や仕組、および理念については、『インパクション』一四九号に掲載されている金友子《きむうぢゃ》氏の記事を参照。ちなみにノモとスユが一緒になったのには何かの縁だというのが水踰研究室の創設者である高美淑氏特有の見解である。ノモには韓国語で越えるという意味があるのだが（よってアルファベット名はTransである）、水踰研究室の踰という字にも、それが研究室が当時位置していた地名からつけた名前に過ぎないのにも関わらず、調べてみると越えるという意味があったという。
（5）例えば、セマングム干拓に反対する三歩一拝行進や、イラク侵攻反対デモなどに参加したメンバーは研究室の掲示板などを通して集まっても、これらは研究室の活動ではなかった。例外として、イラク侵攻後、韓国人キム・ソンイル氏が抵抗組織に拉致され殺害された時、韓国軍派兵に抗議する声明を研究室がホームページを通じて出したことがある。
（6）研究室の愉快そうな姿は高美淑氏の著書「誰も企画しない自由」（二〇〇四年、ヒューマニスト）にも記述されている。また、ホームページに活動の写真が常時掲載されるため外部からもある程度は研究室のそうした〝姿〟を覗くことができる。
（7）このような表現を使ったからと言ってニーチェとマルクスを同時に読み解き、貨幣の歴史に関する博士論文を最近著書として出版した彼が仏教徒だということではない。基本的に〈スユ＋ノモ〉の活動とは何の関係もない。ただ、仏教をはじめとする東洋哲学を研究するメンバーは多く、その教えが現代思想と共に研究室の思想・生活に影響を与えていることは事実である。
（8）FTAキラーという意味で、エフ・キラーという韓国で一般的な殺虫剤の製品名を拝借してつくった。
（9）戦闘部隊であるということ意味がもちろんあるのだが、日本にもあるゴキブリ退治薬の名前でもある。

ちなみに、「大長征」におけるこの部隊の役割とこの製品の機能の間には、なんの象徴的な関連もない。

(10) 防潮堤の海側の水面が、河口側のそれよりも圧倒的に高いため大災害が起こるのは時間の問題であるとのことである。コ・ウンシクさんは大災害で苦しむのは貧しい人々で、それを望むのは自分でも狂っていると思うが、もうそれしか方法はないのではと言っていた。

(11) 運動のなかでの速度という問題に出会ったのも道の上であった。「長征」の直前、ソウル市から活動補助人制度を勝ち取るために漢江にかかる漢江大橋を重度障害者たちが車椅子からおりて車道を這い六時間かけて渡るという行動に出た。何百人という機動隊もなすすべも無く。李明博ソウル市長は結局、制度を市が準備することにするほか無かった。インターネット新聞レディアンの記事で〈スユ＋ノモ〉の二〇代の星マンセはこの時速〇・〇五キロのスピードとそれが生む力について問うている。それがはたして何で、我々はそのような速度と力をどうすれば得ることが出来るのか、と。

【付記】この文章は２００６年に出版された『インパクション』一五三号に掲載したものに二〇〇八年二月現在の時点で少し修正を加えたものである。

周辺化対マイナー化：国家の追放と大衆の逃走

二〇〇六年、研究空間〈スユ＋ノモ〉の行進を通して出会った大衆

高秉權《こ・びょんぐぉん》

1　大衆の追放

韓国社会の新自由主義的再編がはっきりしてきたのは一九九〇年代後半に入ってからのことだった。政府の新自由主義的未来への願望はもちろんもっと以前からのものだろうが、それまでは社会をそのように再編する力が足りなかった。例えばリストラを法制化しようとした一九九六年の政府の試みは大規模なゼネストによって挫折させられた。ストに加わった労組数が三千を越え、参加した労働者数は四百万に迫った。一九九六年の冬は韓国の労働者たちにとってはとても熱い季節だった。

しかし誰もが知っているように一九九七年の冬は一九九六年の冬とは完全に異なっていた。一九九六年に不可能なのは新自由主義であったが、一九九七年に不可能なのは新自由主義に対する異議申し立てだった。誰も国際通貨基金（ＩＭＦ）の下した構造調整プログラムに異議を唱えることはできな

かった。大統領選挙に出馬した全ての候補がＩＭＦの構造調整プログラムを遵守することを誓約し、そのプログラムが過酷に過ぎるとして再交渉を云々する人々は逆賊扱いされた。

結果的に見れば新自由主義的構造調整を推進していた韓国の権力と資本は「危機」のおかげで「機会」を得たわけである。一九九七年の為替危機は当時の与党と一部の大企業を打ち倒したが、新たな与党と生き残った諸企業に莫大な権力と利益を提供した。その権力と利益は、一九九六年に敗れた者たちが元々享受していたものよりも遥かに大きいものだった。国内の権力と資本は自ら新自由主義的命令を下すのには失敗したものの、超国籍機構の命令に便乗することで自分たちが得んとしていたものを全て得たということができる。

さてそれから十年が過ぎ去った。韓国社会の新自由主義的再編は依然として進行形である。いや、進行形として定義されるのが新自由主義ではないだろうか。構造調整は社会構造を再編するために一度だけ必要なものではなかった。むしろ毎度の構造調整がいまや一つの社会構造となっている。危機は転換の瞬間に一度だけやって来るのではないのだ。大衆はいまや永続的な危機のなかに暮らす術を学ばなければならない。大衆の生はこの十年の間に本当に大きく変化した。

今年［二〇〇六年］の五月、わたしは研究空間〈スユ＋ノモ〉の仲間たちとともに韓国社会の新自由主義的再編に反対する行進を行った。わたしたちが行進することを決心することになったのには、今年春にあった三つの事件が大きな影響を及ぼしている。一つは開発の目的さえも定かでないセマングム干拓事業を大法院［最高裁］が追認した判決であり、もう一つは米軍基地建設のために政府が行った平澤大秋里《ぴょんてくてちゅ》住民らの暴力的な追放であった。そして最後の一つは「韓米自由貿易協定（FTA）」を締結するという政府の突然の宣言だった。

政府は莫大な「国益」のかかっている「国策事業」であるという理由でこれらの事業の推進を正当化した。そこには「全体」のために「一部」の犠牲が不可避であるとの論理が終始一貫してついてまわっている。しかしいまや犠牲となることが不可避であるその「一部」は数え切れないほどに多くなった。地域開発のために避けがたく犠牲となった自然、貿易なしには食っていけない国では犠牲となることが不可避である農民、企業活動にむいた国のために不可避に犠牲となった労働者（とりわけ非正規職と移住労働者）、国家安保のために自己の安保を犠牲としなければならない大秋里の住民たち。新自由主義が本格化したこの十年の間に大衆の生はこの「不可避である」といわれる犠牲のなかに存在している。「全体」のために犠牲となった「一部」、結果的に「全体」に含まれない「一部」。それが韓国社会の大多数の「大衆」の形象となった。[1]

わたしたちは全羅道《ちょるら》からソウルまで毎日約十時間を歩いた。一日の行進が終わればその地域の大衆と会い、彼/女らと討論した。セマングムの干潟では無数と言っていいほどに多くの貝の死体を目にし、全羅道、忠清《ちゅんちょん》道、京畿《きょんぎ》道をまわるなかでは生の危機を経験しつつある漁民や農民に会った。わたしたちが出会った人々のなかには貧しい子どもたちの未来を心配する教師もいれば環境災害を警告する環境運動家もいた。取締りと追放に追われている移住労働者もいれば活動補助者制度の施行を求めている重度障害者もいた。そして自分たちの村を守るために毎夕キャンドルを灯す大秋里の住民もいた。

権力と資本によって追放された人々はそれこそここかしこにいた。この十年間に権力と富の領域において大衆は持続的に追放されてきた。各種の両極化の指標によく示されているように、一九九七年以降韓国社会は権力と資本の核心を掌握した少数の勢力とそうではない大衆へとはっきりと区分されている。[2] 実のところ「両極化」という言葉そのものは最近起こりつつある分化に対する適切な表現ではない。二つのグループは決して対称的ではないからだ。体制の核心から追放された人々ははっきりしたアイデンティティを持たない「非可算集合」である。これは資本と権力の核心にいるグループとそうでないグループ、つまりあるグループとそれの補集合として存在するグループとの分化に近い。

2 周辺の生産

この十年間に恣にされた大衆の追放現象をわたしは「周辺化（マージナル化、marginalization）」という言葉で理解している。「マージン（margin）」という外国語は現在の韓国の大衆の社会的境遇を思考するのに極めて有益である。「マージン」は周辺、限界、利益、余白などの辞書的な意味をもっている。だが最近の韓国社会においてこの辞書的な意味は以下のような現実的な意味へと転化している。

「マージン」の第一の意味である「周辺」は、権力と富の領域において副次化された大衆の地位を表している。例えば労働者全体の過半数である非正規職労働者たちは価値生産に参加しているものの、積極的な主体としての役割を認められないか価値を切下げられた形で認められている。新たに生じた職はほとんどが不安定な形の、質の低いものである。生産の副次化は結局消費の副次化へとつながるのだが、例えば教育費や医療費の支出の場合、低所得層は高所得層の四分の一にも満たない[3]。この比率は一九九七年以降持続的に拡大してきた。注ぎ込む金額が異なっているがゆえに当然差別的な結果が現れるほかないのである。教育費支出は階層上昇に決定的な影響を及ぼす韓国有力諸大学の新入生比率の差異として現れ、医療費支出は階層別死亡率のようなものに大きな差異をもたらすという調査結果が出ている。大衆は生産においても、消費においても副次的な地位へと徐々に押しやられつつある。

「マージン」の二つ目の意味である「限界」は大衆の生のおかれた状況である。大衆はここ十年の間、生の限界地帯へと追放されてきた。この時の追放は「外」へではなく「限界」地帯にむけてなされた。限界は尺度不在の場所ではなく、尺度が最も強く貫徹される場所である。権力と資本の命令をどこよりも強く体験しているところであるといえる。そのような点で大衆が追いやられた限界地帯は尺度の外でなく、尺度の内部、それもいかなる内部よりも一層内的な場所である。このように大衆を限界の外へと追いやるのでなく限界地帯にしがみつかせること。それが新自由主義的追放の特徴である。不安定と危機は大衆の生の基本条件となった。

この追放はある意味では「積極的」な「放置（abandonment）」を意味している。「放置する」という言葉は普通は積極的な行為をしないという意味であるが、新自由主義的な追放においてはそれが積極的な行為として現れる。ジョルジョ・アガンベンは「法の力」についてこんなことを言ったことがある。「それは生を放置することで生を追放の内に保つ」[5]。大衆を周辺へと追放するということは、大衆の生をその限界地帯に放置することでより大きな支配力を得る方法である。限界地帯に追いやられた大衆は生きるために必死に国家と資本とにしがみつくこととなり、国家と資本とはこのような「恐怖から来る利益（profit from fears）[6]」を確保する。

このような「利益」が「マージン」という言葉の三つ目の意味である。権力と資本とは「周辺化（marginalize）」を通して莫大な利益、すなわち「マージン」を確保している。彼／女らは「周辺」を生産し、管理し、活用する。現在労働者の過半数を占めている非正規職の場合、生の限界地帯に追いやられているがゆえに低賃金はもちろんのこと極めて劣悪な労働条件を耐え忍んでいる。彼／女らの賃金は二〇〇六年現在、正規職の六〇％台にとどまっている。保険加入率も正規職の1／10ほどにしかならない。

わたしたちが行進中に出会った移住労働者のうちの一人はこのように語った。「合法的な在留期間である三年が過ぎたとき、社長が来て言った。「明日からお前は不法［滞在］だから賃金をカットする。」」現在韓国の移住労働者のうち半分ほどが不法滞在の身であると推定されている。現行制度の下では移住労働者が三年を過ぎても在留し続けることになれば、犯罪行為とは関係なしに不法の身となる。ところが資本はこの「不法」を積極的に活用している。「不法」という規定は追放の根拠であるよりは搾取の根拠となっている。政府の取締り・追放は数十万人にのぼる不法滞在の移住労働者たちを全て追放しようというよりは、彼／女らを極度に不安定な限界地帯へと追いやることにあるように思われる。

取締り・追放は死亡事故を引き起こすほどに過酷になされているが、それは恒常的な恐怖を助長するためのスペクタクルとして機能するのみである。誰もがあんな風に取締られ追放されうるということを移住労働者の一人一人に植え付けることで「恐怖から来る利益」を得ることのできる環境が作り出される。

セマングムの開発においてもわたしたちは同じようなものを目撃した。セマングムの開発は限界状況に追い込まれている韓国の農村と深い関わりがある。立て続けに起こった開放と農業政策の失敗によって農村は既に経済的破産状態に陥っている。そのうえ最近は農村の教育と医療の体系が崩壊し、村落共同体が崩れゆくなかで社会的にも破産している。わたしたちはある農民から自分が暮らしている地域の近隣の郡に産婦人科や小児科が一つもないという話を聞かされた。一般の病院に行こうとしても車で一時間以上行かなければならないという。のみならず多くの小学校が廃校となり子どもたちの通学距離が二時間近くになっているとも聞いた。結局このような環境は農村の生物学的破産へと続いている。わたしたちが訪れたところは百五十世帯を越えるかなり大きな村落だったにもかかわらず、この二年間子どもが生まれていないという。村の青年部長は六十代の老人だった。経済学的に、社会学的に、生物学的にひとしく限界状況に直面している農民たちはなにか「こと」を起こそうとしていた。このままでいては消えてなくなるかも知れないという絶望感が彼／女らを支配していた。資本と地方の権力はその絶望感を活用した。農民たちは大規模な干拓事業を起こせば工事費のうちの一部が自分たちのところに来るのではないかと期待し、カネでなければヒトでも集まるのではないかと期待した。しかしその期待は農村公社と大型建設会社に莫大なマージンを提供するのに利用されただけだった。

不幸なことはこのようなおぞましい状況が政治圏において全く論じられずにいるという事実である。「マージン」の四つ目の意味がここにある。ここ十年の間「政治」の核心領域となった「周辺」が「政治圏」においては思考されないということ、つまり「マージン」は政治の「余白」を意味している。わたしたちが行進している間、全国が「地方自治体首長選挙」で騒がしかった。しかしこの選挙において「セマングム判決」や「平澤米軍基地」、「韓米ＦＴＡ」などは全く争点となることがなかった。いつにもまして与野間の葛藤が厳しい選挙であったが、こういった問題については立場の違いがなかった。いや、立場そのものがなかった。ある時事番組が暴露したように、議員たちは政府が年始にいきなり宣言した「韓米ＦＴＡ推進」に関わる基礎的な事実も知らずにいた。大衆のデモが大規模に起こっているのに、「選挙」のために忙しくて内容を知りようがなかったという言い訳をならべたてる議員もいた。数日前には平澤大秋里に一万人を越える機動隊を投入して住民らの抵抗を抑え込み、村の空き家を撤去した。記者団から論評を求められた与党の代弁人は、「空き家を撤去しただけなのに論評するようなことがあるのか」と語った。凄まじい警察力が投入され、それに立ち向かった大衆の激しいデモがあったのに、その「事態」が全く思考されないのである。

「マージン」という外国語が持っている以上四つの意味を同時に考慮しながら、わたしはこの論文で「周辺」という言葉を用いようと思う。つまりわたしが「周辺」という言葉を用いる際、それは周辺、限界、利益、余白を同時に意味している。

3　新たなエンクロージャー

この十年の間に顕著となった大衆の追放は資本主義創成期に大々的に起こっていた「共有地の私有化」を連想させる。わたしたちが京畿道華城《ふぁそん》で出会った漁民から聞かされた話は、公共財の私有化メカニズムのなかで大衆がいかに追放されるのかをよく示している。大部分の漁民たちは農民とは異なり海や干潟に対する所有権を持っていない。海と干潟は「公有水面」といって国家が所有している。もともと「公有水面」概念の趣旨は、「所有」よりは「管理」の側にあった。つまり公的な利用のために国家が海や河川を「管理」するということである。ところが公有水面を干拓する瞬間、国家は管理者ではなく所有者として現れる。

四年前に京畿道華城沖ではそのような干拓事業がなされた。これにより華城の漁民たちはこれ以上魚や貝を採って暮らすことができなくなった。国家は漁民たちに対して一定の補償金を支払ったものの、それは所有権者に対するものではなく利用権者に対するものであったため、その額は微々たるものであった。国家が一定額の補償金を突きつけて海から去ることを要求したとき、わたしたちが出会った漁民はまるで自分が国家の外に存在しているかのような感じを受けたという。

「わしらはわしらが国家にたかっている乞食だったことに気付いた。「海と干潟はお前らのものじゃなくて国家のものだ。これまでそうやって食わしてやったんだから充分じゃないのか」そう言って施しの次元で居住地の移転や職業転換の費用だといってカネを少し投げ与えてくれた。そのとき悟った。ああ、わしらは国家の主人というよりは国家にたかって生計を立てていた乞食だったんだなあ。わしらは国民じゃなかったんだなあって。[8]」

公有とは私的所有権に対する否定である。それは誰かの排他的独占を許さない。しかし公有が国有を意味するとき、つまり国家による排他的独占を意味するとき、その独占は私的な独占の形態へと容易く転化されうる。国有においてあらわになる国家権力の独占性は私的所有権に対する否定というよりは私的所有権の基盤であるという方が事実に近い。

わたしたちの目撃した大規模干拓事業はその事実をはっきりと示していた。新たに生じた広大な土地は開発の免許を持った民間業者へと転がり込む。国家権力が彼/女らを選択し、彼/女らがそうする権利を許容する。埋立免許の所持者は総事業費に準ずる面積の埋立地を所有しうる。国家が公有地に対する独占的な処分権を行使して私的所有権を発生させたのである。全体行為者ならぬ特殊行為者として、国家は商人のように行動する。

新自由主義が本格化して以来、政府は様々な公共財をそうやって売り飛ばした。「IMF事態」以後に韓国政府が公共部門の構造調整をやるといったときの核心的内容は公企業を私的資本に売却することであった。政府の「公企業民営化計画」にしたがって電力産業は現在発電部門の分割売却が推進中であり、ガス産業は私企業にガスの直導入を許容して新規の物量を引き渡すやり方で私有化が進められている。上水道の場合は民間委託方式での、鉄道の場合は機能別、路線別の分割売却方式での私有

化の動きが感知されつつある。(9)

最近は大衆の公的コミュニケーションさえも販売する事態が展開されつつある。例えばソウル市はワールドカップ期間中の市庁前広場利用権を私企業に売却した。市庁前広場は二〇〇二年のワールドカップ期間中数十万の大衆が自発的に集まって熱狂的な応援を繰り広げた場所である。企業は数十万の大衆の集団的コミュニケーションをいかなる形ででも活用しようとした。二〇〇六年にソウル市はワールドカップ期間中に広場で生起する大衆の集団的コミュニケーションを活用しうるよう私企業に広場の利用権を売却したのである。広場には新たに柵が設けられ、大衆が共有していたコミュニケーション（コミュニケーションこそ共有である！）は私有化された。コミュニケーションの構成者であった大衆は市庁前広場において企業が準備したプログラムにそって反応する単純観覧者へと、消費者へと転落した。

公共部門の私有化は国家による私的所有権の発生であり、所有権なき大衆に対する追放であるといえる。ところで所有権を発生させる力は所有権を剥奪することのできる力でもある。例えば平澤大秋里でなされた大衆の追放は所有権剥奪の形式をとった。大秋里住民の土地は国家によって全て強制収用された。資本主義において全ての商品は、その所有者が販売するときにのみ購入することができる。しかし国家は売っていないものを買うことができる。米軍基地建設のために韓国政府は数十年間暮らしてきた農民たちの土地、さらには彼／女らの共同体を強制的に購入した。価格は中央土地収用委員会が定めた。土地は所有者の意思と関わりなく売られ、強制売買がなされた後もそこに居住して抵抗する農民たちは法を犯す存在となる。マルクスはエンクロージャーの暴力性に目を背ける経済学者たちをこのように嘲弄したことがある。「資本主義的生産様式の土台を築くためならば神聖な所有権に対する破廉恥な侵害さえも平然と見守っている[10]。」平澤においてなされた出来事がまさにそうだった。違いがあるとするなら、安全保障が名分として掲げられていたということ、大衆を追放した地に羊ならぬ米兵が暮らすことになったという程度だろう。

追放された大衆は周辺化された生を生きつつある。干拓事業以降華城の梅香里《めひゃん》の漁民たちの一部は水産市場で海産物を買って来て観光客を相手に屋台で営業をしている。また別の漁民たちは近所の自動車工場で清掃の仕事をしている。政府の補償金を受け取って大秋里を去った農民たちのうち農業を続ける人は一割にも満たない。一部の就労者を除いては、失業状態にあるか日雇労働者となっている[11]。共同体が崩れ去った後、この人々は諸個人として見慣れぬ環境のなかに放り出された。生存という面だけならば、政府の補償金や清掃の仕事で稼いだカネででも可能かも知れない。しかし生活という観点においてはそうではない。漁民が屋台をし、農民が日雇労働をするようになること、彼／女らの活動が無価値なものとなること、さらには彼／女らの存在そのものが不安な状況のなかに放り出されたことは極めて深刻な問題である。

4　治外法権地帯における暴力

新自由主義以降、西欧においては国家の影響力が大きく減退したという主張が多く見られた。ケインズ主義的福祉国家が後退し、市場の影響力が大幅に増大したというのである。この十年間を振り返って見るとき、韓国の国家権力はどうであっただろうか。

まず韓国において福祉国家の後退のようなことは起こらなかった。福祉国家というものがはなから存在しなかったからだ。そのかわりに自由主義勢力による「脱権威化」がなされた。表向きは軍事政権期に比べて国家の強権が縮小され、企業と言論、市民運動勢力が大きく成長した。現在韓国の言論はかつては想像することもできなかった政府批判の自由を享受しており、昨年は国会が大統領に対する弾劾発議を通過させもした。

しかし国家権力がこのように脱権威的に現れるのは主流の諸勢力、つまり統治ブロックを構成している諸勢力に対してのみである。わたしたちが注目している「周辺」領域において国家権力は決して惰弱ではない。おそらく国家の強力な介入がなかったならば社会の新自由主義的再編は実現されえなかっただろう。国家の「市場に対する介入」は減退したかもしれないが、「市場のための介入」ははるかに強化された（そしてこの介入は最近トランスナショナルな命令という形式さえとっている）[12]。したがって「周辺」は国家から遠く離れた空間なのではなく、それが最も鮮明に貫徹される空間なのだといえる。わたしたちは、「主権」は「周辺」において作動すると言うこともできるだろう。

最近の国策諸事業はこの点をよく示している。わたしたちの「行進」の契機となったセマングムの開発、平澤米軍基地の建設、韓米ＦＴＡの推進などは全て「国策事業」である。国策事業とは、国家が全体利益のためにどうしても必要であると判断する事業を大規模な事業費を注ぎ込んで推進するものである。判断は国家がする。ニーチェは「国家の設立者」たちをある日突然押し寄せた野獣の群れであると語っている。[13]彼／女らがいつ来るのか、なぜ来るのかは知りえない。彼／女らは例外的存在なのである。わたしの考えではこのような国家創設期の諸暴力が、わたしが先ほど「周辺」と命名した場所で絶え間なく反復されている。大衆が追放された「周辺」において国家はその創設的行為を反復することで自分自身を再生産する。

よく知られているようにカール・シュミット（C. Schmitt）は「主権」を「例外状態（非常事態）」に対する決定権」として理解している。[14]彼によれば、主権者とは合法的に法を停止させることのできる権利を持った者である。彼（女）は合法と不法の基準を定めることのできる唯一の合法的な存在である。であるがゆえに彼は法の内部にありつつも同時に法の外部にいる。「法の外にある主権者である私は、法の外はないと宣言する」[15]。主権者としての国家権力はこの点において合法的に治外法権地帯に存在するということができる。主権の名の下においてはいかに残忍な暴力も法に適ったものとして行使されうる。[16]

しかし主権者のみが治外法権地帯に立っているわけではない。周辺へと追放された大衆もこのような治外法権地帯に立っている場合がある。もちろんその性格は大きく異なっている。主権者は合法的身分でそこに立っているのであり、大衆は非合法的身分でそこに立っているのである。前者が法の支配を受けないという点で治外法権地帯に立っているとするなら、後者は法の保護を受けないという点でそこに立っているのだといえる。

わたしたちが行進中に出会った人々のうち不法滞在の移住労働者たちが代表的な例である。現行制度の下では合法的な登録移住労働者たちも三年が過ぎれば犯罪行為の有無に関わりなく自動的に非合法身分となる。このような不法滞在労働者たちが移住労働者の相当数を占めている。産業的必要性のために国家はこの人々の就労を事実上容認しており、強制追放も制限的にのみ実施している。しかし彼／女らが産業的必要性を認められるからといって法的保護まで受けているわけではない。彼／女らはいつでも法の名において追放されうる。彼／女らは一方で存在の必要性を認められるが、もう一方では存在破壊の脅威に苦しめられる。彼／女らに暴力を用いることは禁止されるが、暴力を用いてもそれに見合った処罰がなされることは稀である。[17]

治外法権地帯でなされる行為について合法か不法かを論じることにはさしたる意味がない。一方は法を超えることのできる存在であり、もう一方は法の保護を受けることのできない存在である。前者にとっては暴力が合法的であり、後者にとっては法そのものが暴力的である。政府の取締り班が現れると移住労働者たちは狩人に追われる動物たちのように逃げ回らなければならない。実際に不法滞在者逮捕のために取締り班員たちはネットランチャーを用いもした。人権団体と移住労働者支援団体の抗議の後に方法は一部改善されたが、政府による取締り・追放を避けようとして墜落死する移住労働者たちは依然として生み出され続けており、[18]わたしたちと対話を交わしたある移住労働者によれば、取締り・追放を担当する公務員が来たという言葉に心臓麻痺を起こして死んだケースもあるという。

5　大衆の逃走

一方で「周辺」は例外的な空間、治外法権地帯という性格をもっている。国家はそこで例外的存在としての自己自身をあらわにし、大衆は「全体」のために犠牲となるほかない「一部」、「全体」に含まれえない例外的存在として現れる。しかし他方で「周辺」は極めて正常な常例的空間である。国家の主権が最も鮮明に自己のメッセージを伝達する空間であり、わたしたちが「正常性」に対する定義を見出すことのできる空間である。わたしは新自由主義以後のこの十年の間に韓国社会の大衆のうちの多数が「全体に含まれない一部」という形象をとっているといった。そして「周辺」という例外的で副次的な空間が正常で核心的な空間として浮上してきたといった。しかし常例となった例外がこれ以上例外でありうるだろうか。

ヴァルター・ベンヤミンはカール・シュミットが「例外状態」についてなした議論に答えつつこのように言っている。「被抑圧者の伝統は、ぼくらがそのなかに生きている「非常事態」［＝例外状態］が非常ならぬ通常の状態であることを教える。ぼくらはこれに応じた歴史概念を形成せねばならない。」そして次のような興味深い言葉を付け加えた。「このばあい、真の［＝実質的、wirklich］非常事態［＝例外状態］を招きよせることが、ぼくらの目前の課題となる。それができれば、ぼくらの反ファシズムの闘争の陣地は、強化されるだろう。」（強調は引用者[19]）。

常例となった例外状態と真の例外状態との区別。わたしたちが課題とすべき「真の」例外状態とは一体何か。ベンヤミンが「暴力批判論」において行った「法的暴力」と「革命的暴力」、「神話的暴力」と「神的暴力」に対する区別を参照することができるように思う[20]。

　ベンヤミンによれば、例外的存在である主権者が新たな法を措定するために行使する暴力（法措定的暴力）、そして法を守るために行使される暴力（法維持的暴力）は両者ともに手段としての暴力である。権力は手段としての暴力を正当化してくれる目的、法を通して守ろうとする目的を措定することができるが、むしろその際あらわになるのは目的そのものの暴力性である。法のための暴力と法そのものの暴力とは内密につながりあっている。暴力に正当性を与えてやることのできる目的は、権力によって神話的に措定される。なぜその目的がそうやって決定されなければならないかを問うのは愚かなことである。それを決定するのは理性ではないからだ。上記の部分でニーチェが「国家創設者」について語っていたように、それは稲妻の如く迫り来た運命である。「なぜ」という疑問以前に「権力」は存在している。

　超越的目的について騒ぎ立てる神話的暴力とは異なり、神的暴力は存在のための目的論を必要としない。スピノザの言葉のように惰弱な人間にとって「神意」とは「もう知らないという避難場所」に他ならない。神は存在すること以外に別の意志を持ちはしない。神の暴力とは神の存在に他ならず、世界の存在に他ならない。処理しきれない出来事に出会うと惰弱な人間は「神の意志」を思い浮かべ「人間の罪」を想像する。彼（女）はそのような出来事（暴力）を通して神が自己の意志を表に出したがっているのだと信じているからだ。しかしその暴力は何らかのものを表に出すための手段でも機能でもない。世界が、神がそのように存在しているのみである。神的暴力とは、予測しえない特異な出来事の出現に他ならない。革命がまさにそうだ。それは予期しえない出来事として現れ、そのような意味で暴力的であるといえる。しかしながらそれは法的暴力とは大きく異なったものである。神は神話の「外部」であり、革命は法の「外部」である。[22] わたしはベンヤミンが「真の」例外状態を招きよせることを革命家の課題としたとき、彼が国家と法の真の外部を考えていたのだと信じる。[23]

主権者は例外的な存在であり、法を措定する彼（女）の命令は例外状態において可能であるが、厳密に言ってそれは真の例外状態ではない。例外状態においても、いや例外状態においてこそ、それは正常に作動するからだ。したがってそのような例外状態は正常状態であるわけだ。フーコーは「ホッブズの戦争状態」を「実質的な戦争でなく」「諸表象のゲーム」であると言っているが、[24] 主権者として国家権力のもつ例外状態も実質的というよりは表象的（再現的）なのではないだろうか。

真の例外状態、実質的な例外状態はどこにおいて見出されるのか。権力も、権力によって放置される生も、真の例外状態を構築しえない。それを構築するのは権力から、法から逃走する運動である。実際に法によって放置された生のみが存在するのではなく、法の外へと逃走する生も存在している。わたしたちは行進のなかで国家の追放が引き起こした大衆の逃走を幾度か目撃した。わたしが出会った大衆はアガンベンの言うようには「剥き出し」ではなかった。彼／女らは一人で投げ出されているのではなかった。彼／女らは常に群れを構成しており国家から追放されるほどに積極的に逃走していた。

わたしは大衆の逃走現象を「周辺化（marginalize）」と対比して「マイナー化（minoritize）」と呼ぼうと思う。周辺化が尺度による副次化を指すとするなら、マイナー化は尺度からの離脱を指す。周辺人としての大衆が支配的尺度によって認められることを夢見るとするなら、マイノリティとしての大衆は尺度から逃走する。[25] 最近の国家の追放はこのようなマイノリティ大衆を量産している。

最近韓国政府によって放置された「周辺」地帯は徐々に知覚不可能な「マイナー」地帯となりつつある。権力に統制の便益を提供していた「周辺」からの追放は新たな統制不可能性を生み出している。例えば非正規職には労働組合が存在しないがゆえに賃金と権益を奪われやすいが、同時に彼／女らの抵抗に対する統制手段も失われてしまった。不法滞在移住労働者たちは保障された職場生活を行いえないが、逆に合法的移住労働者たちのように職場移動の制限を受けない。したがって彼／女らの移動性に対する権力の統制は制限的であるほかない。権力は大衆の生を不安定にすることで恐怖と不安を通した支配をなしうる。しかし逆説的にも知覚不可能な地帯へと逃走している大衆に対する統制不可能性の問題が新たに生じている。スピノザが言っていたように、恐怖を通した統治が失敗したところで恐怖を失った大衆に対する恐怖が始まるのである。[26]

わたしたちが行進中に出会った大衆は国家の追放に対して自己の生の平面にしぶとくとどまることを闘争の戦略としていた。「暮らして行き続ける」ということこそが彼／女らの最大の闘争目標である。彼／女らは強制移住を拒否した。わたしたちが出会ったセマングム地域の界火島《けふぁ》の漁夫は政府の補償金を受け取った後にも移住を拒否してそこで生を営み、海とともに闘う意志を明らかにした。平澤大秋里の住民たちの最高の闘いは田に種を蒔いて収穫を試みることである。「今年も百姓しよう」が彼／女らの代表的な闘争スローガンである。国家は彼／女らを追い出すために重装備を動員して田を掘り返し農業用水路にセメントを注ぎ込んだ。それに立ち向かって彼／女らはセメントを掘り起こして再び水を引き込んだ。

法によって保護された生、法によって追放された生のみがあるのではない。法から離れた生も存在している。しかし法から遠く離れた生はカフカの言うあの「法の城」のようにどこかに孤高として立っているのではない。あるいはそれはウィルスのように法の最も内密なところにまで入り込むこともありうる。それは法を頻繁に破ることで法によって頻繁に処罰される。法に抗してではなく、法と関係しないがゆえに、彼／女らは頻繁に法を破る。平澤大秋里の住民たちも、不法滞在の移住労働者たちも「座ったままで」法を犯す者となった。それは彼／女らが法的命令にもかかわらず暮らし続けようとするためだ。「遠く離れている」ということ、「逃走するということ」は、このようにしぶとくしがみつくことでもある。[27] そうすることで彼／女らは権力の最も外に位置する。彼／女らは立ち去らずとどまる。彼／女らは座ったままで遊牧している。

しぶとくとどまっている彼／女らこそが国家の追放に対して最も遠くへと逃走する者たちである。京畿道華城のある漁民はわたしたちにこう言った。「わしらは大韓民国の国民じゃない。……わしらに法を突きつけるのを見て、六法全書を燃やさんといかんと思った。」平澤の大秋里では住民たちが住民登録証を返納した。パオロ・ヴィルノの表現を借りるなら、これは一種の「離脱（defection）」である。[28]

大衆が国民からの離脱を宣言しているのである。

最近の韓国社会の運動は極めて興味深い様相を呈している。例えば韓米ＦＴＡ締結阻止のデモの場合、あらゆる問題があらゆる問題と連結し、あらゆる運動があらゆる運動と結合するという感を与えてくれる。農民と労働者、学生、芸術家などが自然に束ねられている。ここにはもちろんわたしたちが出会った非正規職労働者もおり、移住労働者も、大秋里の農民も、重度障害者もいる。これらの人々を連結するためになんらかの先験的な普遍土台が見出されなければならないわけではない。みんなが自分自身が突き当たっている問題を表に出すだけでも同盟の充分条件が確保される。認識は深層へと下っていくのでなく、表面で繁殖する。まさに芋づる式に一つの問題がすぐさま次の問題とつながっていることがあらわになる。わたしたちが行進中に出会った大衆もやはり互いについてよく知っており、互いの闘いに結合する意思を披瀝していた。

韓国政府や主流メディアは長い間大衆の運動から故意に目を背けてきた。それは運動が伝播しないようにする重要な方法だった。彼／女らは運動を放置した。しかしその過程において彼／女らは大衆を徐々に理解できなくなっていった。わたしが会った与党のある国会議員の補佐官は、地方自治体首長選挙において与党が惨敗したのを大衆の保守化と解釈した。開かれたウリ党と民主労働党が敗北したのは大衆が保守化したということであり、したがって大衆的支持を得るために党のアイデンティティを今よりももっと保守の方へと移動させなければならないと語っていた。彼は周辺に押しやられて生の危機に直面した大衆の動きを全く読み解くことができなかった。おそらく危機はさらに加速化するであろうし、大衆はさらに周辺化されるだろう。しかしもう一つ知っておかなければならないことがある。今大衆はマジョリティの尺度によって差別され搾取される地帯から、徐々にその尺度では到底理解しえない地帯へと移行しつつある。彼／女らは周辺化されず、徐々にマイナー化しつつある。彼／女らは「真の」例外状態へと移動しつつある。

註

(1) これについては本書三章の1「帝国の時代か、帝国の黄昏か?：韓米FTAをめぐる情勢について」李珍景+高秉權／金友子訳参照。

(2) 고병권「한미FTA와 양극화」『한미FTA 국민보고서』(그린비、二〇〇六)。

(3) 私教育費の場合は精確な集計が困難である。韓国銀行は二〇〇〇年基準で上位一〇%の私教育費支出が下位一〇%に比して約九倍であると推定している（한국은행「경제양극화의 원인과 정책과제」、二〇〇四年七月二日付韓国銀行資料参照）。

(4) 이태수「양극화 해소를 위한 사회안전망 확충의 방향 및 복지재정의 과제」、社会両極化解消国民連帯による二〇〇五年一一月一六日の討論会資料参照。

(5) G. Agamben, *Homo Sacer*, Stanford University Press, 1998, p. 29. [ジョルジョ・アガンベン／高桑和巳訳『ホモ・サケル』(以文社、二〇〇三)、四六ページ。ただし訳文は韓国語の原文にあわせて変更してある]

(6) わたしはこの表現をクリス・ウィルバートの論文から借用した。C. Wilbert, "Profit, plague and poultry," *The Radical Philosophy*, September/October, 2006.

(7) 公有水面とは、海、河川、湖、干潟など共同使用される国家所有の水面を指す。

(8) わたしたちは行進のなかで交わされた対話を録画したり録音した。この論文に直接引用された発言はこれに基づいたものである。

(9) 송유나「한미ＦＴＡ와 공공서비스― 에너지를 중심으로 한 민영화 정책의 현실과 문제점」前掲『한미ＦＴＡ 국민보고서』。

(10) 칼 마르크스／金秀行訳『資本論』１（下）（比峰出版社、一九九四）、九一五〜九一六ページ［マルクス／向坂逸郎訳『資本論』（三）（岩波文庫、一九六九）、三六二ページ。ただし訳文は変更してある。］

(11) 〈한겨레〉、二〇〇六年六月一三日付。

(12) 韓国社会の新自由主義的再編に対する主権の決定はトランスナショナルなレベルで下されたものでもある。一般的に主権は近代国民国家とその外延をともにしていた。主権は対内的次元においては垂直な命令であり、対外的次元においては水平な自主権であった。しかし韓国社会の新自由主義的再編の過程においてわたしたちが目撃したのは主権の垂直な命令が対外的な次元においても行使されるというものである。本稿の冒頭で明らかにしたように新自由主義的再編のための韓国政府の試みは最初は失敗した。しかし「為替危機」という一種の「非常事態」（例外状態）」におかれるなか、ＩＭＦが借款を提供する条件として提示した構造調整プログラムが一つの命令として課された。「非常事態」という規定が新自由主義に反対する声を完全に封じたのである。一九九六年に新自由主義的再編を阻止していた韓国の大衆は一九九七年にＩＭＦを通して下されたトランスナショナルな命令にそのまま従うほかなかった。

(13) 프리드리히 니체／김정현 옮김『선악의 저편・도덕의 계보』（책세상、二〇〇二）、四三四ページ［ニーチェ／木場深定訳『道徳の系譜』（岩波文庫、一九四〇）、一〇一ページ］

(14) 칼 슈미트／金孝全 訳『政治神学 外』（法文社、一九八八）〔C．シュミット／田中浩・原田武雄訳『政治神学』（未来社、一九七一）〕：칼 슈미트／김효전 옮김『독재론』（法元社、一九九六）〔カール・シュミット／『独裁』（未来社、一九九一）〕

(15) 칼 슈미트／金孝全 訳『政治神学 外』（法文社、一九八八）〔C．シュミット／田中浩・原田武雄訳『政治神学』（未来社、一九七一）〕

(16) さる五月四日、平澤大秋里において目撃された国家の暴力は残忍なものであった。一万人を越える警察と軍が投入された流血強行鎮圧だった。住民らが篭城していた小学校は破壊され、跡形もなく消え去った。

(17) わたしたちが出会ったある移住労働者の証言によればこのような例もあったという。社長の暴力に耐え切れなかったある移住労働者が警察署に飛び込んだという。シェルターとして。警察は移住労働者とともにその社長を訪ねて行ったが、社長がその移住労働者が不法滞在者であることを明かすやすぐさま移住労働者を逮捕して出入国管理事務所に引渡し、社長はなんの処罰も受けなかった。こういった人々はアガンベンのいう「ホモ・サケル」のような存在である。

(18) 今年も二人の移住労働者が取締り・追放の過程で死亡した。

(19) 발터 벤야민／반성완 옮김「역사철학테제」『발터 벤야민의 문예이론』（민음사、一九八三）、三四七ページ〔ヴァルター・ベンヤミン／野村修訳「歴史の概念について」『ボードレール』（岩波文庫、一九九四）、三三四ページ〕

(20) 발터 벤야민／진태원 옮김「폭력의 비판을 위하여」자크 데리다／진태원 옮김『법의 힘』（문학과지성사、二〇〇四）〔ヴァルター・ベンヤミン／野村修訳「暴力批判論」『暴力批判論』（岩波文庫、一九九四）〕

(21) B・스피노자／강영계 옮김『에티카』(서광사、)［スピノザ／高桑純夫訳「倫理学（エティカ）」『スピノザ』（河出書房新社、一九六六）］、第一部付録。

(22) マルクスもやはり革命的基盤と法的基盤（反革命的基盤）の差異を鮮やかに対比させたことがある。칼 맑스／최인호 옮김「부르주아지와 반혁명」『칼 맑스 프리드리히 엥겔스 저작 선집』(박종철출판사、一九九八)［カール・マルクス「ブルジョアジーと反革命」『マルクス・エンゲルス全集』6巻（大月書店、一九六一）］

(23) わたしはベンヤミンの「真の」例外状態についてのアガンベンの解釈に同意しない。アガンベンは「真の」例外状態を「潜在的」例外状態とこのように区別する。潜在的例外状態の場合は法は純粋な形式として維持され、その法の前には「剥き出しの生」が存続するという。それに反して真の例外状態においてはこのような区別が消え去り生は完全に法へと変容するという（**G. Agamben, *op. cit.*, p. 55.**［アガンベン、前掲書、八四ページ］）。しかしこのような解釈はベンヤミンの意図とは大きく異なっているように思われる。何よりもベンヤミンは法的暴力とは異なる革命的暴力について考えていたという点（革命的暴力は法的暴力と区別不可能な暴力ではなく、それによって捉えることのできない、その真の外部である）、そして「真の」例外状態を創り出すことをファシズムに抗して闘う「ぼくらの課題」としていたという点においてそうなのだ。

(24) 미셸 푸코／박정자 옮김『사회를 보호해야 한다』（東文選、一九九八）、一一五～一一六ページ。

(25)「周辺化」と「マイナー化」の差異を明確にしたのはドゥルーズとガタリだった。질 들뢰즈・페릭스 가타리／이진경・권혜원 옮김『천의 고원』Ⅱ（연구공간 수유＋너머、二〇〇〇）、二五九～二六二ページ［ジル・ドゥルーズ＋フェリックス・ガタリ／宇野邦一＋小沢秋広＋田中敏彦＋豊崎光

一＋宮林寛＋守中高明訳『千のプラトー』（河出書房新社、一九九四）、五二三〜五二七ページ］

(26)「もし大衆が何ものも恐れないとなったら、こんな恐怖すべきものはない」。스피노자［スピノザ］、前掲書、定理54の備考。

(27) 単純に「立ち去る」という事実ではノマドを定義することはできない。むしろノマドは移住民とは異なっている。ドゥルーズとガタリはこの二つを次のように区別する。「移民たちが荒廃したり不毛になったりした環境から立ち去るのに対して、遊牧民とは立ち去らない者、立ち去ることを欲しない者であり、森が縮小し草原あるいは砂漠が増大したところに産み出された平滑空間にしがみつき、……遊牧民が動くことは言うまでもないが、彼は座っているのであり、動いているときほど彼がどっしりと腰を据えているときはないのである」（들뢰즈・가타리、前掲書、一六五ページ［ドゥルーズ＋ガタリ、前掲書、四三七ページ］）。李珍景は「座ってする遊牧」を「放浪してする定着」と対比させつつ、ノマディズムについてこのように説明している。「本当に重要なのはどこであれ新たに始めることができ、どこであれ変異することができ、新たな生を生成することのできる能力である」（이진경「유목주의란 무엇이며、무엇이 아닌가」『철학의 외부』그린비、二〇〇二）、二六八ページ）。

(28)「わたしたちが「離脱」と呼ぶ集団的想像行為は、このような（一般知性の公共性に内包された知識、コミュニケーション、協働行為の）豊かさに独立的で肯定的にして高潔な表現を提供し、したがってこのような行為が国家の行政権力に譲り渡されることを止める」（빠올로 비르노／김상운 옮김『다중』（갈무리、二〇〇四）、二一九〜二二〇ページ）。

Ⅳ 前衛組織ではなく

マルクス主義とコミューン主義

コミューン主義者はいかに思考するのか？

李《い》・珍景《じんぎょん》

本稿で私はいくつかの問い、あるいは問いの「歴史」を通じて韓国における知的状況と、「私たち」(1)がその状況にどのように対面してきたのか、そしてその問いの歴史を通じて私たちが企図しようとしたことを簡単に素描しようと思う。しかしこれは通常の意味での「歴史」を叙述しようとするというよりは、むしろそういった問いや問題設定を通じてそのような歴史の諸要素と私たちとの出会いのあり方を表現し、生と運動の流れの中で私たちが立っている位置を、そして歴史の諸要素と私たちが対話する方法、それに介入する方法を表現しようとすることである。これはすなわち、「歴史」の中での私たちの位置を確認しようとすることだというよりは、むしろそのような「歴史」から私たちが脱する方法、つまりは逃走線を描く方法だというべきものである。

1　革命の夢、あるいは「何をなすべきか？」

一九八〇年代、私が未成年の状態を脱して知的旅行にいざ出発しようとしていたちょうどその時期、韓国の大学には――マルクス式に言うところの――幽霊たちが徘徊していた。「政治的怨霊」になって彷徨っていた光州市民たちの幽霊が、あるいは一〇年前、労働者の生の残酷さを告発するべく自らの身に火を放ち静かに労働運動の火をともした労働者・全泰壱《ちょんている》の幽霊が。英語の勉強はもちろん、専攻の勉強を熱心にすることでさえ、自分が日和見主義なのではないかという疑いの心から自由になれず、ビールと「ナイキ」は小ブルジョア的俗物根性のしるしであり、大学生の間によくありがちなはずの「ロマン主義」や「自由主義」が悪口として言われるようになった時代。そのすべてのものに幽霊が宿っており、そのすべてのものが幽霊のように私たちの生に付きまとっていた。「死んだ者が生きている者たちを捕らえていた」時代だった。そして、自らもまたひとりの幽霊になろうとするかのように、幾多の人々がその身を燃やし投げうって後に続いた。

カントが言ったように、啓蒙が「理性とともに未成年の状態から脱する成熟」を意味するのだとすれば、私たちにとってその成熟は、理性ではなく幽霊とともに始まったというわけだ。いや、その幽霊たちによって、非常な速さで理性的な成熟の道に踏み出すことになったという方が適切だろう。他人たちの生の表象、あるいは死と違わないほどの苦痛の表象の中で、私たちは急激に成熟することになったというわけだ。その早熟な感覚にとって、生は、楽しいものではなく苦しいものでなければならなかった。他人の苦痛に共感し、それをともに背負い、それをともに取り除いていくのが、私たちの倫理学的「定言命法（categorical imperative）」だった。その「背中が折れ曲がるような生の重さ」に耐え、私たちの身体は戦闘機械と化し、私たちの生は戦争そのものになっていた。その中で私たちは、そのすべての生の重さを一挙に吹き飛ばしてしまうような革命を夢見て、その夢に命をかけた。ある詩人の言葉のように「二十歳《はたち》の私を作ったのは／八割がた風」だった。投石と火炎瓶、喉をカラカラにする催涙ガスでいっぱいになった戦闘の風、あるいは淡い夢のような革命の風だった。

その風の中で、どうして私たちがマルクス主義者にならないでいられただろうか？　どうすれば社会主義者にならないでいられただろうか？　自らの生に真摯な人であるなら、自らの思考に誠実な人であるならば。このようにして、私もマルクス主義者になり、社会主義者になったのだ。そのような脈絡で考えてみると、私たちはマルクスの幽霊とともに思考したのではなく、革命の風に吹かれる幽霊たちとともにマルクス主義者になったというわけだ。

韓国の民主化運動を知る多くの人は「六月抗争」と「七～八月労働者大闘争」、つまり民衆革命の勝利を示す一九八七年を、ひとつのターニングポイントとして記憶しているだろうが、私は一九八五年[2]を重要なターニングポイントとして記憶している。九老同盟ストライキ[3]、それが重要なのは労働組合運動さえ禁止された状況で、事業場単位を越えた最初の連帯ストライキだったという理由だけではなかった。それを通じて、いまや運動は良心に基づいた自生的な闘争から脱し、いみじくもレーニンが言ったような「目的意識的運動」へと転換するべきであると宣言され、労働運動は階級的労働運動、つまり階級闘争へと組織化されなければならないと要求されたのであり、学生運動をはじめとして他のすべての運動がその革命的労働運動を中心に連帯しなければならないということが明らかにされたのである。そして運動が「目的意識的革命運動」にならねばならないように、理論や理念もまた革命的社会主義のものさしによって理解され、評価されなければならなかった。(4)

もちろん私たちにはまだ革命運動のための組織図、理論や理念も確固と準備されてはいなかった。しかし「全体運動」ないし「革命運動」という観点から既存の労働運動や学生運動に根本的転換を要求するこのような事態を、一体誰が否定することができようか？ 既存の主導権を持っていた、ゆえに簡単にその要求を受容することができなかった主流の運動圏でさえ、その大義そのものを否定することはできなかった。運動に対する態度や活動が、そして組織自体が根本的に変わらなければならなかったということは、誰の目にも明らかなことだった。状況を理解するのに必要な「教養」やそれを説明し宣伝するために必要な「理念」ではなく、全体を見て思考する、強い意味での「理論」が必要だということもまた明らかだった。

そのような要求と触発のなかで、私たちはようやく本格的な革命を夢見はじめ、その革命のために「何をなすべきか?」と考えるようになった。レーニンの著書『何をなすべきか?』は、いみじくも当時の運動圏の「時代精神」を表した本だった。私もまたそのような「時代精神」の中でレーニンに触発され、革命を遂行することのできる「全国的政治組織」あるいは「職業的革命家組織」を夢見て、またその達成のために周囲にいる仲間たちとともに新たな逃走線――既存の主流運動圏から脱するものだったという意味において――を描き始めた。同時に、正しい革命のための科学的政治路線を研究せねばならなくなり、そのために本格的に理論的な学習と研究を始めた。その出版とともに、にわかに私が虚名を博すようになった著書『社会構成体論と社会科学方法論』[5]がこのような研究の本格的な出発点であったなら、その後の「労働階級グループ」という名を得るようになった革命運動組織はこのような活動の暫定的な帰着点だった。

私たちだけではなかった。いわゆる「PD（People's Democracy）」系列に属する他の政治組織たちが生み出され、「ND（National Democracy）」系列に属する組織、そして「NL（National Liberation）」系列に属する組織が生み出された。[6]こうして党派的な組織の対立と対決の中で、新しい運動の構図が描かれ始めたのである。社会構成体論をめぐっての論争は、そうして政治路線と戦略をめぐる論戦へと変換されていき、組織的な諸差異はそういった理論的差異を徐々に拡大させつつ、それぞれが固有な立地点へと変換されていった。

「私たち」は合法的な雑誌『現実と科学』を通じて革命の理論的諸問題を広範に発展させようとし、後に「ソウル社会科学研究所」へと拡がっていった研究者たちの組織を通じて韓国の資本主義の現在と過去についての研究を進めた。私たちはそのような理論を「新植民地国家独占資本主義」という概念に要約し、そのような観点から韓国資本主義の発展の歴史を研究しようとしたのであり、階級的関係についての研究、韓国における革命の性格に関する研究などを、かなりの程度までおしすすめることができた。また、非合法雑誌『労働階級』を通じて、全国的な水準における革命活動を組織するために必要な最小限の苗床のようなものを作ることができた。

おそらく他の立場を持った人なら否定するかも知れないが、私たちは当時このような理論的研究がとても生産的であり、理論的研究の全般的な発展において主導的な役割を遂行したと考えている。党派によってこれと対比される理論的立場は持っていたが、ほとんどの場合それを体系的・理論的に発展させることができなかったし、そのために生じた非対称性によって「理論と実践」、「理論と歴史」を対立させるようなやり方で理論自体を非難する構図が作られたりもした。(7)

しかしおそらく、このような事態が生じた理由の半分は、理論的発展において他の組織とは比較にならないほどの主導性と優位性を持っていたという点に、残りの半分はそういった理論的作業の裏にある組織的背景が見えてしまってはダメだという状況に起因することだといわねばならないだろう。しかし、理論がないということが実践や歴史を掌握していることを意味することはありえないのではなかろうか?

たしかに、この時期は知的な関心をもった多くの真摯な研究者たちにとっては幸せな「理論の時期」だったといってもよいだろう。多くの研究者たちにとって韓国での「社会構成体論」ないし「社会構成体論争」とは、理論と実践がかみ合って互いを触発し、革命運動の一筋の流れを形成したこの「幸せな」時間のイメージとして記憶されているとするなら、それはおそらくこういった理由からであろう。(8)

2　社会主義の「廃墟」で思考すること

マルクス主義の危機！　私たちにとってそれは、社会主義体制の崩壊とともに迫って来た。その時私は社会主義革命を企てたという理由で監獄に閉じこめられていた。社会主義革命を夢見て職業的革命家組織をつくり活動した「レーニン主義者」が監獄で迎えねばならなかった社会主義ソ連の崩壊は、ほとんど全ての夢と希望の崩壊を意味するものだった。『マルクス主義と近代性』の序文で書いたように、私はこの出来事を通じていくつかのジレンマないし逆説と出会うことになった。

第一に、私たちにとってマルクス主義ないし社会主義とは、抑圧的な世界の中で少しでもマシな生を夢見る私たちにとって、その夢の換喩だった。したがってそういった生への夢をあきらめることができない限り、マルクス主義というのは簡単に捨てることができるような一つの理念ではなかった。しかしまさにそうだからこそ、それは頑なに守るべき信条として、ただ胸に抱いてさえいればいい、そんな「理念」というわけでもなかった。社会主義の崩壊はそんな私たちをしてマルクス主義を捨てることもできず、そのまま抱いていくこともできない、留まることも去ることもできない、そんな逆説的なジレンマと向き合わせた。

第二のジレンマは、崩壊で終わった、あるいは資本主義へと回帰し始めた社会主義の歴史をマルクス主義理論の中では決して理解することができないという点で、マルクス主義のもとで形成されてきたマルクス主義そのものの歴史さえ、マルクス主義の中では理解することができないという逆説である。これはマルクス主義自体の歴史さえ理解することができないようにする、ある根本的空白の存在を示唆する逆説であり、マルクス主義を知るためには、逆にマルクス主義の外部からそれを見なければならないということを示唆する逆説であった。

第三に、「社会主義人民なき社会主義」あるいは「社会主義的主体のない社会主義」という逆説。それは、最上層から最下層まで社会主義社会全般に偏在している近代的な姿をした人間たち、すなわち資本主義世界に住む私たちの周りの人々と違わない、時にはもう少し極端な姿をしている、そんな姿の人間たちを発見し確認しなければならなかったという事実によって突き当たった逆説である。生産関係が変わり生産様式が変わったにもかかわらず、しかも政治とイデオロギー的上部構造さえ社会主義的なものに変わっていたにもかかわらず、相変らず根強く残存する近代的形態の主体、近代人たちが存在している。そうであるなら、「社会的関係が社会的意識を規定する」という歴史唯物論の古典的な命題をあきらめるべきではないのか?

「近代的社会主義」——少なくとも私にとってそれはこのようないくつかの逆説の中で、社会主義社会もまたひとつの「近代社会」に過ぎなかったという悟りを表わす概念だった。すなわち「近代性」とは生産関係に還元されえない、もうひとつの違った関係のありようであることを含蓄しており、近代を乗り越えない限り、そして近代的主体、近代人を生産する地盤から抜け出すことができない限り、革命は成功し得ないという教訓を含蓄していた。だとすれば、ここに至って私たちは、再び問いなおさねばならなくなる。「資本主義生産様式」と区別される「近代性」とは、一体何なのか? それはどのように作動し、どのように個人たちを「近代人」へとつくりかえ、再生産するのか？　近代性を超えるということはどのように可能で、どのような方式で実行されうるのか？

これは「近代性とはいかなるものか？」という問いとして、簡単に要約することができるだろう。実際に、もう少し荒っぽくいうなら「いったいなぜ社会主義は滅び、いったいなぜ資本主義は滅びないのだろう？」と問うことだったといってもいい。だが、それはあまりにも手垢にまみれたマルクス主義的諸概念に向かって投げかけられるという点において、またそうであるがゆえに、既存の手垢まみれの諸観念の中でお決まりの方式によって答えを探しだそうとする安易さと絶縁するのが困難だったのではないか？　実際、その問いは、マルクス主義の外部から投げかけられざるをえず、マルクス主義の外部を通じて追跡されねばならならなかったのであり、マルクス主義の内部にないもの、すなわちその空白を通じて思考されねばならなかった。また、それは「近代」とは何なのかについての問いでありつつも、同時に、近代的な生の方式、近代的な習俗に飼いならされた自分の生そのものに対して、すなわち私自身の意識的・無意識的態度に対して投げかける問いでなければならなかった。

私たちはこれらすべての問いを「社会的意識」の外部、社会的関係によって変換される「意識」の外部に向けて投げかけねばならなかった。つまり、社会的関係が変革されても変わらない「無意識」の位相に照準を合わせねばならなかったのだ。しかし同時にそれは家族や性欲、エディプスといった変わることなき無意識ではなく、歴史的および社会的に形成され変容しうる、そういった無意識の概念を要求していた。すなわちそれは、そのような無意識を形成し維持する生の方式、思考方式全般に対して注目することを要求していたのである。いわば無意識に対する「歴史唯物論的」研究を。

私たちが、とりわけフーコーの研究に注目するようになったのは、まさにこのような脈絡からであった。狂気の歴史から近代的エピステーメーの歴史、近代人の日常を規定する視線の権力に対するフーコーの研究は、資本主義に還元されない近代に固有な生の方式と権力のメカニズム、それを通じて形成され維持される身体的および非身体的無意識に対して歴史的に接近する重要な経路を提供してくれた。私たち自身の身体に刻みこまれた権力、あるいは私たちが正しく、かつ役に立つと信じて利用する知識と一体になり作動する権力、それは貨幣および資本の権力と並存しながら、ともに作動する資本主義の強力な同盟軍だった。資本主義生産様式を「撤廃」するといっても、この種の権力関係を越えることができないのならば、また、合理的計算と科学的知識を通じて作動する権力を越えることができないのならば、さらには資本の視線で自身を見て、資本の欲望を自身の欲求とする無意識的習俗を脱することができないのならば、革命は決して成功させることができないということだ。

しかし、ただフーコーのみがそうなのではなかった。近代哲学の問題設定や近代数学の歴史をはじめとして、透視法的消失線にしたがって世の中を見る私たちの視覚、汚さや不潔さを追いはらう近代的嗅覚、あるいは子供たちや家族たちに対するさまざまな感情、恋と愛、時間と空間という近代的表象形式、あるいは保障されるべき「権利」と化したプライヴァシーと内密性に対する感覚、近代文明の線に沿って真っ二つに分けられた東洋と西洋の表象など、多様な種類の感覚と欲求、欲望から「近代性」の痕跡を読み出すために、幾多の近代の「歴史たち」を追跡した。[9]

もう一方で、私たちはそういった近代批判の問題設定において、既存のマルクス主義について思考しようとし、そのマルクス主義を枠づけている近代性という複数の限界地点を追跡しようとした。『マルクス主義と近代性』においては、マルクス主義の中に刻まれたその近代的思考の境界線を確認しつつ、資本主義と近代性が出会い結び合わされる様相を、さらには社会主義と近代性が手を取り合っている様相を追跡しようとした。そこで私たちは資本主義が個々人を近代的主体として生産し再生産するメカニズムについて、そして近代的思考と決別することができない限り、社会主義が「共産主義」という新しい社会への移行の時期を迎えることができないという理由について、解き明かそうとした。そしてそれを通じて労働価値説や「ヒューマニズム」をはじめとした過去の近代的マルクス主義の「遺産／遺制」と決別し、それを、コミューン主義を思考することができる理論的足場へと変換させるための手がかりを探し出そうとした。

このような問題設定は韓国における近代性の「起源」を研究しようとする他の諸研究と出会い、コミュニケーション［疎通］を可能にする地盤を提供した。しかしこれは、韓国のような植民地には歴史発展の内的動力がなかったという、いわゆる「植民史観」に反対しつつ形成された次のような議論、すなわち、［植民］以前から近代性のさまざまな萌芽が内部的に広範に存在していたのであって、植民地侵略がなかったならば、それらが内部から成長し近代へと移行することができたはずだという、いわゆる「内在的発展論」と決別せずには不可能だった。なぜなら、それは「近代性」をあらゆる国、あらゆる歴史に共通して存在するある不変の本質とみなす「正当化言説」であり、そうであるほど私たち自身の歴史を、西欧的な近代を尺度にして、常に－すでに裁断するようになることを意味するからだ。つまりそれは近代を賛美する正当化言説であって、それを疑問視し、乗り越えるための革命的言説ではないのである。

〈スユ＋ノモ〉という名前の研究室が誕生する出発点は、このような種の接続にあったといってもよいだろう。先に述べた観点から近代性とそれを乗り越えるための理論を研究していた「ソウル社会科学研究所」に属していた数人と、たとえいわゆる「内在的発展論」から始めたとはいえ、それを乗り越え、韓国における近代性の起源に対する系譜学的探査を本格的に始めようとしていた「水踰《すゆ》研究室」との出会いと接続。こうして、理論と歴史、西欧の歴史と韓国の歴史、そして過去と未来が混合する新しい思考の空間が作り出されたと私たちは思っている。[10]

しかしながら、ただ新しい研究主題を創案して提起することだけでは十分ではなかった。マルクス流に表現するなら「何を研究するのかではなく、どのように研究するのかがより重要」であるためだ。近代性の限界を乗り越えようとする研究は、それを遂行する方式、研究し活動する方式から近代的なものとは根本的に異なる、あるものにならねばならない。

近代社会が作り出した、決められた分野や領域を横切り（乗《の》り越《も》えろ！）、多様な理論的および歴史的要素が出会い接続する場へと研究活動を変換させること。すなわち、生と分離した知識ではなく生と緊密に結びついた知識を生産すること、あるいは生の一部として知識を生産し、実践の一部として理論を生産すること。知識や意識を変えるのではなく身体的な習俗と無意識それ自体を変える活動を通じて「工夫《こん》－勉強《ぶ》」し研究すること。差異と異質性をとり除いて確固たる統一性をつくるのではなく、差異と異質性が出会いながら絶えず新しいものが生成され変形される生成の場へと作りかえること。他人に対する思いやりを通じて自身に気配りする自利利他の実践によってコミューン的な生活方式を生産すること。慣れ親しんだ関係に安住するのではなく不慣れで新しい諸関係を通じて私たち自身を絶えず変換することができるノマド的変異の場へと作りかえること。決められた規則や上から与えられる「命令」によって行動するのではなく自発的な意志と自律性の原理によって行動するアウトノミア的活動を行うこと。資本主義的交換の規則（価値法則）から脱して「贈与の規則」によって活動と財貨を分かち合う生活を実験し創案すること、等々。(11)

決して一気に樹立されたとはいえないこのような諸原則を通じて、私たちは、研究の場を研究と生が一つに結びついた、近代的なものとは異なる生の方式を創案し実験することにより新たな種類の習俗と無意識を生産する「研究者たちのコミューン」として定義した。このような試みを私たちは社会主義崩壊によって廃墟になった地において、マルクス主義者として生きて行く方法を探し出そうとした試みとして理解している。このようにして私たちは不毛になった地、マルクス主義という地を捨てて、手軽に他の地を訪ねゆく移住民ではなく、不毛になったその地を新しい思考と希望が花咲き始める生成の地帯へと変換させる遊牧民《ノマド》になろうとしたのだと理解している。(12)このようにして私たちは資本主義の中で資本主義から逃れた複数の「外部」を創案する方法を、資本主義のいたるところに穴をあけて生きて行く方法を探し出し、触発することができると理解するのである。そうして「コミューン主義」を、資本主義廃止以後のはるかに遠い未来、その来ることのない時間のどこかに存在する不在の理想郷ではなく、資本主義の中であっても私たちが創案して「生きて行くことができる」現在性の時制をもつ「現実的な移行運動」によってつくりだすことができると、私たちは信じるのだ。

3 「コミューン主義」とは何か?

こういった種類の活動を名付けるために、私たちは「コミューン主義」という概念を選択した。しかしそれが資本主義、社会主義以後に到来するひとつの生産様式ないし社会構成体としての「共産主義」、「能力によって働き必要によって分配する」原理にしたがって生産が組織される社会としての「共産主義」と、どうしたら同一でありうるのか? それは確実に、かつてのマルクス主義において慣れ親しんで使った「共産主義」とは大きく異なるものでしかありえない。そこで私たちは「共同で生産する」ということを意味する「共産」主義という訳語の代わりに、価値法則にしたがった交換とは異なる方式によって構成される関係を表わすために、贈り物(munis)を通じてひとつに結合(com)される関係として「コミューン(commune)」を直接的に音訳し「コミューン主義」として再概念化した。また、コミューン主義という用語は活動を通じて異質的で相異なる個体たちが「コミューン」というひとつの集合的身体として構成されることを表現するのに適切な概念だと私たちは信じている。それは、マルクスの政治学とスピノザの倫理学が出会い、ひとつの新しい概念へと生まれ変わる地点を表現するものだといってもいいだろう。

しかしながらこれは、近代性の外部あるいは資本主義の外部に対する思考の結論ではなく、それを思考するための出発点、思考するための問いだといわねばならないだろう。すなわちそれは、社会主義崩壊以後、資本主義と近代性についての研究を通じて、そしてその外部を実践的に構成してみようとする実験的な構成活動を通じて直観的に獲得したひとつの方向表示版に過ぎない。そこで私たちはまたもや問い返さねばならない。コミューン主義が共産主義と異なるのなら、それは資本主義といかなる関係にあるのか？　近代性を乗り超えたというなら、近代に対してはいかなる関係を持っているのか？　それは私たちの生を、私たちの思考をどこに連れて行くのか？　それはマルクス主義的な思考の空間においてどのような位置を占め、既存のマルクス主義といかなる関係を持つのか？　いや、近代的限界の内部にあるマルクス主義を、その思考空間をどのように変容させるのか？　それは歴史の中でどのような位置を占め、歴史の観念をどのように変容させるか？　等々。

しかしこれらの問いは直観的に捕捉されたひとつの問いに帰属するものだ。すなわち、実際にはひとつの問いが投げられているのである。「コミューン主義とは何か、いや、コミューン主義とはいかなるものか？」。かつては近代性についての問いを通じて近代性の多様な地帯を横断しながら探索したというのなら、今や私たちはもう少し肯定的かつ積極的な形態の新しい問いをもつようになったというわけだ。しかしこの二つの問いは、実際にはひとつの、同一の問いかも知れない。かつての問いが近代性という名のもと、現在の私たちが住む世界、私たちが思考する方式、そして私たちが生きていく方式について探索するように誘う問いだったとしたら、現在の問いはその近代を乗り越えた世界、近代を乗り越える方法、近代を乗り越えた生の方式について探索するように誘う問いであるからだ。(13)

かつての近代性に対する探索において、マルクスと同等にフーコーやアナール歴史学が重要な思考の諸資源を提供したのだとすれば、この新しい問いに対してはニーチェやスピノザと同じくらいにドゥルーズとガタリが重要な思考の諸資源を提供する。ドゥルーズとガタリが提示する差異の哲学と欲望の政治学、あるいは逃走の哲学とノマディズムの政治学を、私たちはこういった脈絡で理解し、領有するのである。(14)これらとともにネグリによるアウトノミアの政治学と現代資本主義についての研究も、このような問題を思考するさいに重要な資源になると信じる。

しかし、それを援用し変形させて利用することによってコミューン主義についての問いに充分に応えることができるだろうか？　それらがコミューン主義について思考するさいに必要な地図を提供するというのは事実だが、私たちはもう少し根本的な次元でコミューン主義を思考し、概念化せねばならない。コミューン主義が、来ることのなかった時間としての未来ではなく現在の時制をもつのであれば、それはすでに存在しているということではないか？　しかしながらコミューン主義は、構成するべきであろう世界、新たに作らなければならないであろう世界なのであって、それに向けた「現実的な移行運動そのもの」ではないのか？　現在の時制の中に存在しながらも移行運動を要求する志向点としてのコミューン主義、それはもしかしたら常に－すでに存在するものでありながらも、皆がいつも探し出そうとするものであるという点で、不在のものであるという特異な存在論的位相をもっているのではないか？　それは敢えてハイデガー的な意味では使わないとはいっても、明確に「存在論的な」思考と研究を要求する概念ではないのか？

　この意味で私たちは存在論的コミューン主義、あるいはコミューン主義的存在論がありうると、いや、なければならないと信じる。それは個体と個体の間の競争と闘争を通じて変化と発展（進化！）を説明する古い西欧的伝統とは根本的な部分を異にする思考を要求するのではないか？　というよりむしろ、それぞれの個体を、相異なっている個体たちの相互依存の中で、その巨大な相互依存の網を通じて理解するような思考を通じて近付くことを要求するのではないか？　塵の一粒に十方三世の宇宙全体が詰められているのを見る思考こそが、この「存在論的コミューン主義」にもっとも近親な接近方法を見せてくれるのではないか？「他者」を単に主体の相棒として、主体の中に存在し主体のために存在するものとしてのみ扱う古い西欧の考え方から脱し、はなはだしくは同一化する思考を拒否[15]しながら他者について思考する時でさえ、主体の否定、主体の思考が触れることのできないあるものという残余的範疇でのみ思考することから脱し、それぞれの個体というのは宇宙全体が込められた存在であり、そのそれぞれを通じて宇宙全体が相異なるように表現されるという点であらゆる個体が同等に重要で、あらゆる個体が固有の意味をもって存在するという「東洋的」思考の伝統をもう少し深く探索しなければならないのではないか？

　また、私、あるいは自我とは、世界と向かいあい対決し、それを領有し利用する存在ではなく、私を取りまくすべての他者によって作られているのであり、かれら／かのじょらとともに生きていく、そんな存在であるのならば、したがって「私」と呼ぶいかなる実体も不変の本性もないといわねばならないのならば、かつて「無我の哲学」通じて自我の死を宣言した思考こそがこのような存在論的コミューン主義を進展させるさいに、またとない重要な資源になるのではないか？　自我の死、あるいは私の不変の本質に固執することなく私を取りまく隣人たち、私が依存している諸条件と呼吸を合わせて一緒に生きていくことが、そういったコミューン主義のための倫理学的原則を提供し、その能力を訓練する実質的な諸方法がそういった倫理学を行うための資源を提供するのだと期待することはできないか？（スピノザが書けなかった『倫理学』の続き部分！）。見慣れぬもの、外部的なもの、「私／私たち」と異なるもの、親しみのないものに対する不安と恐怖によって、顔なじみのもの、内部的なもの、親しみあるものなどで成り立った共同体を維持し保存しようとする態度ではなく、反対に、見慣れないもの、外部的なもの、私／私たちと異なるものに心を開き、そのように近づいてくる出会い、その因縁を真に肯定することができる、そういった態度を通じてコミューン主義的空間を定義しなければならないのではないか？

私はこういった理由からコミューン主義と「無我の哲学」が、コミューン主義と差異の哲学ほどに近接した「補充（complementary）」の地帯を形成すると主張したことがある。[16] 付け加えれば、おそらく華厳学（Avatamska）はこの点で、存在論的コミューン主義の重要な資源を提供するであろうと信じる。しかしながら同時に、それと同じくらい生命と生態についての多様な生命科学的研究は、存在論的コミューン主義を単に哲学や理念ではなく、具体的な問題を扱うことができる理論的資源を提供するであろうと信じる。微生物と大気科学についての研究が結び合わされながら誕生した「ガイア（Gaia）理論」や、遺伝学と微生物学の結合の中で誕生した「共生進化」の概念、あるいは生命体の生存条件についての生態学的諸研究を、コミューン主義的存在論と類比することはとてもたやすい事だ。必要なのはそんな安易な類比ではなく、生命の問題をコミューン的な思考を通じて解き明かし解決することができる具体的な研究の場を作り出すことだ。機械や自然と対立する生命概念を超えて、そして保存の観念を脱することができない生態学的観念を超えて、機械と生命をひとつのものとして扱いながら、保存ではなく、変形と創造、革命といった問題として生命と生態の問題を扱うことができる理論を創案すること。

コミューン主義をこのように把握しようとするなら、それは原始共産主義から資本主義、共産主義へとつながる、いわゆる「普遍的な歴史法則」とは大きく異なる歴史観念を前提する。実際、「即自対自的な歴史」、すなわち、それ自体として独立的な運動法則、固有な起源と目的をもつひとつの単一な歴史という観念は、いみじくも一九世紀的な「エピステーメー」に属するものだ。資本主義の内部から社会主義導出の論理を探し出し、またそこから次の段階の歴史の論理を探し出すといった方式によって歴史法則を構成することは、与えられた条件が変われば同一人物の本性さえ変わるというマルクスの歴史唯物論をヘーゲル流の歴史哲学によって墜落させるのである。これは、歴史のみならず革命をも近代的形而上学の落とし穴に追いこんでいく。たとえば一九〇五年革命におけるメンシェビキたちのジレンマ、それはすなわちブルジョア革命であるがゆえにプロレタリア階級である彼らが主導的に表に立つことができないというものだが、そうはいっても実際に発生した革命からそっぽを向いて無視することもできないというジレンマが、こういった形而上学的図式と無関係なものだろうか？

それならば、歴史をひとつの法則に追いこんで、革命をひとつの単一なイメージによって捉える図式から脱し、条件によって、出来事化の様相によって変わるりうる、あるものへと再構成しなければならないのではないか？　一歩進んで資本主義内部にコミューン主義的世界が「外部」として存在することができたなら、あるいはその底にコミューン的世界が位置を占めることができたなら、私たちは相異なっていて異質な世界、根本的に異なる歴史がひとつの時間の中に共存し交差しうることに首肯せねばならないのではないか？　それだけに「近代」と呼ばれる、世界体制を形成するべく多様な歴史を単一化する力を持つ体制でさえ、それぞれの条件によって相異なる様相で繰り広げられる異質性を排除することはできないと言うべきではないか？　たとえそれが近代と資本、そして国家の力強い権力によって徐々に単一化される傾向を避けることができないとしても。

したがって近代を乗り越えるということは、国家的形式に同一化する近代ないし資本主義の権力を横断し、大衆自身によって非－近代的世界を創案し、新たに創出することだといわねばならない。国境と国民、あるいは民族という同一性（アイデンティティ）を横断し、解体しながら非－国民的、非－近代的、したがって非－西欧的な生の空間を創出することが重要なのは、このような理由からであるだろう。「アジア」や「東アジア」といった名称が、単に特定の地域を表わす地理的特徴や、長い間存続してきた過去の伝統、あるいは特定の地域に住む人々が所有しているある特徴（property——所有物！）ではなく、既存の国境を横切りながら作り出される非‐西欧的、非‐近代的な生の方式を構成する非‐国家的戦略の名前でなければならないことも、こういった理由からであるだろう。この点で、それはまた新しい連帯の場、そのような連帯を通じて構成するノマド的な「アイデンティティ」――ただ暫定的な通過点にすぎないアイデンティティ――の名でありうるのだ。おそらくそれは、自身の歴史さえ見慣れないものにし、他人たちとの歴史に新たに手を差し出すような新しい種類の歴史へと私たちを導くと信じる。

このような理論的問題設定の中で、既存のマルクス主義、ドミナントなマルクス主義を異なるものへと変形させることは、避けられない。これは単にコミューン主義や歴史の観念にかかわることのみではない。偶然的で個別的なあらゆる「外部的」条件を消し去ってしまう必然性と法則性、普遍性の観念と対決すること、そういった観念の下で形成された資本主義についての概念を、異なる種類の歴史と対峙させること。こうして階級と革命に対する構図（plan）に、他の異質的要素たちが浸透し入り混じるようにすること。そしてすでに資本主義社会のもうひとつの「主流（major）」階級になってしまった労働運動を少数者への生成変化（becoming-minor）の戦略を通じて新たに革命化すること。これを思考するために「外部性」を唯物論のど真ん中に引き込み、弁証法の「狡猾な知恵」に歯止めをかけるようにすること。それとともに政治経済学批判の企画をして古典的な政治経済学の観念全体と再び対決させること。そして自動化と情報化を基盤として全地球化（globalization）の様相へと繰り広げられる現代資本主義の新しい展開のあり様を、今一度分析しなおし、コミューン主義の現実的条件

を捕捉すること、などなど。(17)

このような変形を通じてマルクス主義の全体を近代的地盤から離脱させなければならない。そうすることによって私たちはマルクスの革命的思考が人間中心主義、進化論、経済主義、国家主義などから脱し、自由に走りだすようにしなければならないのであり、楽しげに踊りだすようにしなければならない。コミューン主義を、敵対と対立の思考から脱け出し、多様な差異が出会い、共存するような相生的世界の道標として創り出さねばならない。そうすることによって、私たちはマルクスをしてもう一度語らせしめることができるだろう。私たちが生きる世界で、もう一度蘇らせることができるだろう。

註

(1) 本稿は「私」の知的体験と関連するものではあるが、それは同時にその時ごとに異なるであろう私の「仲間」たち、そして私の「隣人」たちと関連するものであり、実際にそういった隣人関係の中で、その時ごとに異なっていく「私」の履歴に関するものだ。したがって、「私たち」ということばが繰り返し使われているが、それが指す中身は時期によって異なるという点について了承していただきたいことを事前にお願いしておく。

(2) (訳注) 一九八七年の勝利：一九八七年六月、民主化を求めるデモが全国的に起こった(「六月抗争」もしくは「六月民主抗争」ともいう)。当時の全斗煥《ちょんどうふぁん》政権は民衆たちの民主化への熱望を抑圧し長期執権確保のための憲法維持(大統領間接選挙制)を画策していた。五月一八日、朴鐘哲《ぱくちょんちょる》氏に対する拷問致死事件が明らかになるや、在野の人々と統一民主党が連帯し、「民主憲法争取国民運動本部」を全国的な民主化闘争の求心点として結成した。六月一〇日、国民運動本部は「朴鍾哲拷問殺人隠蔽操作糾弾および民主憲法争取汎国民大会」を開催し、これが六月抗争の起爆剤となった。同日、民主正義党の盧泰愚《のてう》が大統領候補として選出され、全斗煥政権の間接選挙制（護憲）に対する民衆の抵抗は急激に盛り上がった。二〇日余りのあいだ、全国で五〇〇余万人が参加し、護憲措置の撤廃、直接選挙制への改憲、独裁政権打倒など、反独裁民主化を要求し、直接選挙制を勝ち取った。

（3）（訳注）九老《くろ》同盟ストライキ：ソウル市九老区は新興工業地帯として、多くの工場と工業団地を抱えもつ地域である。一九八五年六月二四日から二九日まで、九老では女子工員たちの同盟ストが行われていた。二二日、大宇傘下会社の労組の委員長を初め、労組幹部たちが警察に連行されたことに対し、二四日、ヒョソン物産、カリボン電子、清渓被服、その他の労組が共同で「労働組合弾圧阻止、決死闘争宣言」を発表、同盟ストに突入した。韓国労働運動史において、「朝鮮戦争以後、最初の労働ストライキ」として記録されている。

（4）このような理論的転換においてもうひとつ重要な契機になったのは「周辺部的現状」を繰り返しながら「伝統的な」階級分解の趨勢をみせた徐寛模《そぐわんも》教授の論文だった。徐寛模『現代韓国社会の階級構成と階級分化：プチブルジョアジーの趨勢を中心に』（はぬる、一九八六）。［서관모、『현대 한국사회의 계급구성과 계급분화：쁘띠 부르주아지의 추세를 중심으로』、 한울、一九八六］

（5）李珍景『社会構成体論と社会科学方法論』（あちむ、一九八七）。［이진경 『사회구성체론과 사회과학방법론』、아침、一九八七］

（6）（訳注）「PD（People's Democracy）」と「ND（National Democracy）」「NL（National Liberation）」：民衆民主主義、民族民主主義、民族解放。それぞれ、韓国社会の社会構造をどのように規定し、そこから生じる矛盾をどのように解消していくかという路線を表す。NL（民族解放）は、南韓民族が外勢（アメリカ）に抑えられており、そのため多くの矛盾が生じているという認識のもと、民族の解放、つまりアメリカ勢力の影響から抜け出て、「自主的」な民族状況を作ろうとするもの。PD（民衆民主主義）は、ある程度の内部批判を通じて出てきた流れで、民族性という概念を若干後景にやり、民衆という言葉で（主に下層）労働者階級を指しつつ、民衆による望ましい民主主義の奪取が矛盾点を解決する鍵になると考える路線。社会主義、共産主義思想から大きな影響を受けている。

（7）未だにこのような対立構造の中で理論的思考を非難する人がいるということも、このような「伝統」と遺産を知ればまったく意外なことではないだろう。ただ、その遺産と伝統の粘り気と持続性については、若干驚きもするが。

（8）社会構成体論争の具体的な様相については朴玄埰《ぱくひょんちぇ》／曺喜昖《ちょひよん》編『韓国社会構成体論争』1～2（ちゅくさん、一九八九）を参照のこと。[박현채／조희연 편、『한국사회구성체 논쟁』1~2、죽산、一九八九]

（9）『哲学と煙突掃除夫』（グリンビー、一九九三）、『近代的時空間の誕生』（ぷるんすぷ、一九九七）、『数学の夢想』（せぎる、二〇〇〇）、『近代的住居空間の誕生』（グリンビー、二〇〇〇）は、このような試みの一端を表現した著書である。[『철학과 굴뚝청소부』（그린비、一九九三）、『근대적 시공간의 탄생』（푸른숲、一九九七）、『수학의 몽상』（새길、二〇〇〇）、『근대적 주거공간의 탄생』（그린비、二〇〇〇）]

（10）韓国の歴史における近代性に関して研究室で行われた研究としては高美淑《こみすく》『韓国の近代性、その起源を探して』（ちぇくせさん、二〇〇一）、鄭善太《ちょんそんて》『開化期新聞論説の叙事受容の様相』（そみょん出版、一九九九）、鄭善太『深淵を探査する鯨の目：韓国近代文学の形成とその外部』（そみょん出版、二〇〇二）、権ぽどぅれ『韓国近代小説の起源』（そみょん出版、二〇〇二）、権ぽどぅれ『恋愛の時代』（現実

文化研究、二〇〇三)、高美淑他『近代啓蒙期における知識概念の受容と変容』(そみょん出版、二〇〇四)などがある。[고미숙『한국의 근대성、그 기원을 찾아서』(책세상、二〇〇一)、정선태『개화기 신문 논설의 서사 수용 양상』(소명출판、一九九九)、정선태『심연을 탐사하는 고래의 눈:한국 근대 문화의 형성과 그 외부』(소명출판、二〇〇三)、권보드래『한국 근대소설의 기원』(소명출판、二〇〇二)、권보드래『연애의 시대』(현실문화연구、二〇〇三)、고미숙 외『근대 계몽기 지식개념의 수용과 변용』(소명출판、二〇〇四)]

(11) これに関する研究室の活動についての暫定的な「報告」は、高美淑『誰も企画しない自由』(ヒューマニスト、二〇〇三)を参照。[고미숙『아무도 기획하지 않은 자유』(휴머니스트、二〇〇三)]

(12) 私たちはドゥルーズとガタリの思想をこのような観点から受けとめ、利用した。『ノマディズム』(1・2巻、ヒューマニスト、二〇〇二)はマルクス主義的観点からこれらの思考を領有しようとする試み、あるいは反対にノマディズムの観点からマルクス主義を廃墟から生成の場へと変容させようとする試みであったといってもよいだろう。[이진경『노마디즘』(휴머니스트、二〇〇二)]

(13) これについては李珍景「コミューン主義と共同体主義:コミューン主義の空間性に関して」『文学と境界』(文学と境界社、二〇〇一、冬)、高秉權《こびょんぐぉん》「存在のアッサンブラージュ」『文学と境界』(二〇〇一、冬)を参照。[이진경「코뮨주의와 공동체주의:코뮨주의의 공간성에 관하여」、『문학과 경계』(문학과 경계사、二〇〇一、겨울)、고변권「존재의 아쌍블라주」『문학과 경계』(二〇〇一、겨울)]

(14) 李珍景『ノマディズム』1・2巻(前掲書)は、このような観点からドゥルーズとガタリの思想を領有しようという試みを集約したものだ。

(15) たとえばバタイユの「不可能なもの l'impossible」、レヴィナスの「まったき他者 tout-autré」などがそうだ。

（16）李珍景「コミューン主義と無我の哲学」『ノマディズム』第2巻（ヒューマニスト）。［이진경「코뮨주의와 무아의 철학」『노마디즘』2（휴머니스트）］

（17）このための概略的な試みとしては、李珍景『資本を超える資本』（グリンビー、二〇〇四）を参照。［이진경『자본을 넘어선 자본』（그린비、二〇〇四）］

前衛組織ではなく

八〇年代の運動経験

李珍景

インタビュー：崎山政毅＋冨山一郎

通訳：金友子＋板垣竜太

――李珍景《いじんぎょん》さんに、お伺いしたいのは、八〇年代の経験を踏まえて〈スユ＋ノモ〉にたどり着く、そのプロセスをどのようにお考えになっているのか、ということです。古い日本の左翼の用語を使いますと「意識性」ということにかかわります。私たちの八〇年代の学生運動に加わった経験からすると、八〇年五月の光州の闘いが非常に大きな転換点でした。日本においては六〇年代末の学生運動の盛り上がりを経て、さまざまな非合法活動、地下組織ができあがってきていたのですが、それが八〇年代にはほとんど活動できないか、壊滅的なところまできてたんですね。状況が厳しくなるなかで、しばしば使われる言葉として、李珍景さんが著書『マルクス主義と近代性』（一九九七年）の第一章でもふれていらっしゃる党派性と決意主義が一体になった「命を賭けて」という言葉です。こういう言葉が強く前面に出てくるような時期に、僕らは学生運動に関わっていたわけです。ところが口では「命を賭ける」という言葉が出てきても、具体的にはわからない。そのような僕らがめぐりあったのが、先ほど申し上げた、八〇年五月の光州の闘いでした。八〇年代の私たちの運動というのは、韓国の民衆と日本の民衆との連帯をどのように具体的なものにしていくのか、というのが大切な課題の一つでした。その際考えるべきポイントとして意識性をめぐる組織のあり方がありました。

それはどういうことかというと、組織論が立てられると必然的にそれに見合った運動論が作られ、そしてその運動論がソリッドなものになると、組織がそのことによって再生産されてしまうという、非常に閉じた合わせ鏡のような問題です。道徳的にあるいは倫理的に優位にたった前衛の立場から一般の人に運動を呼びかける。ところが、そういう組織や運動は仲間を求めながら仲間を追放してしまう。いつのまにか仲間がいなくなるということを繰り返してきたと思います。また、たがいに正義を掲げ革命を目指すと主張するもの同士で殺し合う「内ゲバ」もあります。もちろんこのような私たちの経験と、李珍景さんが経験されたことが同じだとは思っておりません。しかしながら、韓国でも八七年の六月を挟む時期の、学生運動の大きな二つの流れの間のぶつかりあいであるとか、あるいは焼身決起という言葉を聞いたときに、僕らは運動と組織にかかわる自分たちが抱えている非常に暗い問題とつながるものを感じたことも否めません。ここでようやく質問ということになるんですが、一九八〇年代のラディカルな学生運動に密着し、そしてまた獄中という条件の中で運動にかかわってこられた李珍景さんが、今の〈スユ+ノモ〉につながるような意識性の変化をどのように考え、そしてそれがどのような総括や論点の上に成り立ってきたのかということを聞きたいと思います。

おそらく今、社会運動にとって大切なことは、たとえば資本、国家、あるいはアカデミックな制度といったような、権力となってしまう力にどう呑み込まれずに生きていくか、ということだと思います。もちろんそれには自分も権力になってしまうということに対する批判が入ってなければいけないわけですが、そうではない運動の可能性を、僕らは〈スユ+ノモ〉に至るプロセスと〈ユス+ノモ〉のあり方の中に見ています。とくに研究をすることと生活をするといったことが互いに絡み合っているというところに非常に強い関心を抱いています。そして単に、この〈スユ＋ノモ〉の運動が素晴らしいというだけでなくて、〈スユ＋ノモ〉が出てくるある必然性みたいなものを考えたいわけです。

　ここでやっぱり理論研究という話をしっかりと捉える必要があるんじゃないかと思います。つまり理論研究がある種の前衛組織を前提とした理論構築ではなくて、研究することがこれまでの政治ではない政治を生み出していくような研究運動についてです。李珍景さんは革命的労働運動と前衛組織ということを前提にした理論研究をなさり、『労働階級』という雑誌をつくり、革命戦略をめぐる社会構成体論争をなさっていた。そこでの理論、あるいは理論研究と、研究空間＝機械〈スユ＋ノモ〉のやりかたは、やっぱり違うものだと思います。

李珍景　自分も勉強する身ですので、他人の書いた文章を一生懸命に読むことがどれだけ大変なのかということはよくわかっているつもりです。が、まず、こんなに細かく読んでコメントしていただいて、本当にありがたいということをお伝えしたいと思います。実際、あってはならないことなんですが――いや、自分でもよく知っていますが――研究室でも私が書いた文章をここまで一生懸命読んでくれる人はいません。（同席していたスユ研究員……いや、いや、講義を聴かないとメチャメチャ怒るじゃないですか?!――一同笑）。

　崎山さんは運動史的な観点から読んでくださって、冨山さんは『マルクス主義と近代性』という本の序文で書いた問題意識を細微にわたって読んでくださいましたね。ただありがたいということだけでなく、互いに共感できる幅が広がったようで、今、非常に心を楽にして話ができそうな気がしています。実際、『マルクス主義と近代性』という本は、ある意味で、私が大学に入って運動を始めてから約一五年が過ぎ去った私の「人生」をいったん整理しようと書いた本です。

社会主義の崩壊以後、多くの人々がそうだったでしょうが、実際、私は過去について後悔したり、回顧をして話すようなことは別にありません。結婚して子どもを生んで、ということ以外には（笑）。過去のことを話すのが好きなわけではありませんが、そうかといって語りたくない過去があるというわけでもなく、過去について語ることにたいしても、特にとまどいはありません。

＊＊＊

先ほど「命を賭けて」という話が出てきましたね。私も『マルクス主義と近代性』の序文でもそのような表現を使ったことがあります。また、昨日、山谷《やま》の集会で講演したのですが――そこが山岡さんの死と結びついた場だったからでもありますが――、死についての話からはじめました。

しかし、考えてみれば、運動というのは「よりよく生きよう」という話のはずなのに、死を経由して運動するのは、一種の逆説であり悲劇であるし、ある種の不幸だともいわねばならないでしょう。

先ほど、崎山さんから「命を賭けて運動せねばならない状況」についてお話がありました。その話をきちんと理解できたかわかりませんが、ともかく、「意識性」だとか組織や党、こういうものとつながったかたちで「命を賭けて」というお話をされたと思います。ひどくは「内ゲバ」といったものは、死が運動の内部に位置づけられていた、もうひとつの場を示すものだというふうに理解しました。それと関連して、今回、日本に来て『死のイデオロギー』という赤軍派の内ゲバについての本があったので、買ってみました。それはともかくとして、韓国で「命を賭けて」だとか、運動と死が結びついていたのは、むしろ組織や党がなくて発生したという面で、日本とは少し違っていたのではないだろうかと思います。

全泰一《ちょんている》の場合もそうだったでしょう。大学生の友が一人でもいたらという胸の痛くなるような願い、それは、運動が、組織があってのことではなくて、組織はおろか、問い、頼れる仲間が一人もいない状況を示しているのです。それにもかかわらず闘わねばならないと感じた時、選択できる唯一の方法が焼身自殺という極端な方法だったのでしょう。その後にも極端な抑圧のなかで自殺したり死んだ人たちが多かった。七六年だったでしょうか、割腹自殺した大学生がいたし、八〇年代に入ると死はよりいっそう一般化されました。光州抗争の時に闘い、死んだ人、デモをしながら死に、［高いところから］落ちて死に、殴られて死に、拷問されて死に……。あるいはまた自らの身体に火を放つことで抗議して死ぬ。これらすべてが実際には社会によって強要された死ではないかと思います。抗争のために自殺した場合でも、それは自分が選んだものではありながらも、そうしなければ自分が突破したい地点や出口を見つけることができなかった、ある絶望感のようなもの、それが死の選択を強要したのだと私は考えています。

こうして考えてみると、自分が大学に入ったときに私を待っていたのは、生きている人たちではなく、死んだ人たちでした。つねに死者たちの名前を聞いたり、死者たちを想起させる言葉を聞きながら、話をせねばならなかったのです。たとえば、全泰一がそうだったし、光州市民がそうでした。この意味で、当時の私たちは死者とともに生きており、死者と闘っていたのではないかと思います。だからそうなのか、笑いとは程遠い表情がつくられたのです。好むと好まざると悲愴な顔をもつようになるしかなかったのです。だから、顔だけ見ればすぐに見分けることができたのでしょう。特に刑事たちは顔を見ることで運動圏なのかそうでないのかを簡単に区別することができていました。運動圏の顔というものがあったということですね。後に、九〇年代になってから振り返ってみると、そういう顔は私にも見分けがつくんです。九〇年代にもそういう悲愴な顔で暮らしている人々がいました。それを見ながら「そんな、あの人はまだあんな顔してる!」なんていっていました(笑)。死の重みを帯びながら生きていく生、それが重いほど重くなる悲愴な情緒、これが八〇年代の韓国における運動圏の情緒でした。後に笑いについて話をしたくて、最初に死についての話をこのように長々としたのですが……。

こういう状況のせいだったのでしょう。私たちは非常に早く成熟してしまい、死のような大きな重みを背負って生きねばならなかったがゆえに、その重みに耐えうる力のようなものを得ることができました。そこで何事かに自分の生を——命ではなくて——賭けることができる真摯さのようなものを学べたのだと思います。社会主義であれ、何であれ、運動をしていくということで受け入れた理念に生を賭けることができたのも、こういう理由からだったのでしょう。だから、後にその理念が崩壊してしまったとき、私たちは本当に深い虚無の深淵を覗き見ることができたのだと思います。社会主義の崩壊以後、虚無主義に陥った人々の気持ちが、私にはむしろよくわかります。反面、その巨大な事件を前にして虚無主義に陥るどころかいち早く理念を変えてしまった人々も多くいました。私はそういった人々を信じません。生を賭けていたのならば、それが崩れ去った時にどうして虚無主義に陥られずにいられるか、と。これがダメならあれ、それもダメなら……と、簡単に乗り換えていく人々を、いったいどうやって信じることができるでしょう。ニセ物ですよ、ニセ物。虚無のどん底まで追いつめられたことのある人たち、おそらくそういう人たちだけが、虚無主義を克服できるのだと信じています。虚無主義はその極端において虚無主義を克服するというニーチェの言葉は、こういう意味ではなかったでしょうか？

このような点からみると、最近、大学で出会う学生たちを見ながら、本当に不幸な世代だと思うわけです。どうやってそんなに何も考えることなく生きているのだろう、と。お金を稼ぎ、就職し、恋愛するということ以外には何も考えたことのない学生たち、いや、そういう機会がない学生たちです。かわいそうです。逆に私なんかは、そのつらく重苦しかった生にたいして、真摯な生に目覚めさせてくれた、巨大な重みと直面し対決できるようにしてくれたあの時代にたいして非常にありがたいと思っています。本当に運がよかったのでしょう。おそらく、他の多くの人もまた、自分でも知らぬ間にそう考えているのではないでしょうか。私と似た感じで八〇年代を通過した人々は。

だからこそ、先ほど冨山さんが指摘してくださったように、私にとっては、敗北、あるいは失敗を思考することが重要なわけです。失敗や敗北を自分のこととして受け入れられない人は、その敗北や失敗から何一つ学ぶことはできないでしょう。逆に、敗北や失敗からきちんと学ぼうとするなら、失敗から簡単に抜け出すのではなく、その失敗を徹底的に自身のものとして肯定し、それを骨の髄まで体験し、そこから学ぶべきなのだと信じています。失敗を体験し、失敗を思考するためには、その失敗を避けて通ってはなりません。捨て去ることもできず、そのまま抱えていくこともできない、だから好むも好まざるもその場でそれを抱え、それと対決できなければならないのだと思っています。

　したがって、失敗、社会主義の崩壊という巨大な失敗を経験せねばならなかったことが、私としてはもう一つの幸運だったと思います。本当に運がよかったんですね。生を賭けることのできた機会に加えて、その巨大な重みに耐え、貫き通せるようにしてくれたその確信が、もう一度「バババン」と崩れてしまったなんて。あらゆるものを考え直す機会が与えられたのですから。

　それが理論的にマルクス主義を再思考させ、実践的にも以前とは完全に異なるやり方で——私はそれをコミューン主義と表現していますが——、異なる種類の夢を実験し実行させた出発点になったというわけです。

　研究室が出発する前の様々なプロセスを通じて、現在のスタイルとして研究室をはじめるようになった一種の「必然性」や「歴史性」を話してほしいということでしたが、こういったことが、おそらく、その一部になるでしょう。しかし、その歴史性について具体的に語ろうとするなら、私が経験した八〇年代の韓国における社会運動の歴史について——実際、かなり話が伸びている気がしますが——もう少しお話せねばならないと思います。

＊＊＊

　私と同世代くらいの人ならば、だいたい似たような経路を歩んできたでしょう。八〇年代光州抗争の「効果」のなかから運動をはじめ、八五年に九老同盟事件[1]とソ労連事件[2]を契機として

「革命をせねばならない」、革命運動をせねばならないという、そういう問題意識を持つようになったのです。その問題意識のなかで、一方では理論的にどのような革命をするのか、もう一方では実践的に革命のために何をなすべきかという問題意識をもつようになりました。だから、一方で社会構成体論を扱うかたちで理論的研究に着手しつつ、もう一方で職業的革命家組織を夢見るレーニン主義者になったのです。

実際、その前までは学生運動はもちろん、労働運動もまた良心にもとづいた運動、すなわち自然発生的運動でした。支配者たちの不当性が運動の理由になり、何かを否定する否定的な運動だったのです。「君に良心があるなら、君が人間ならば」あるいは「民衆の苦痛を知れ！」というような（笑）。組織的にはサークル主義の時代でした。全斗煥政権という明確な敵がいて、それと闘うことで十分でした。そんな雰囲気でしたから――半ば冗談、半ばマジメな話ですが――、私は大学二年生くらいまで、仲間や後輩たちと酒を飲むことが運動だと思っていました（笑）。みんなで集まって、一緒に酒を飲み、良心と運動について語り、ともに運動するべくつくりあげる、というように。

八五年というのは、二重の意味でそういった状況を断ち切ったといえるでしょう。一つは運動論に関してです。「最小の政治的連帯スト」という九老同盟ストがあったのですが、それを主導したソ労連（ソウル労働運動連合）・仁労連（仁川労働運動連合）という組織は、あらゆる運動が「全体運動」という観点をもつべきだ、その全体運動の中心は労働運動だ、そして運動そのものが反政府闘争を超えて革命運動化せねばならないという問題提起を強力に提起しました。これが学生運動に影響を及ぼすことで、学生運動のなかで運動路線が問題になりはじめ、路線をめぐる闘争が生み出されることになったのです。そして、それは運動の主導権問題と結びついた組織路線についての問題提起になったのですが、とりわけ運動を主導した主流派のサークル主義を強く批判しながら出てきました。このような問題意識は、問題提起をしていた組織の側の活動家のみならず、学生運動や運動圏全般に影響を与えていき、その結果、革命をどのようになすべきかについて悩む運動をせねばならないということが、その後、避けられない問題として位置づけられるようになります。

もう一つは、これとは少し違うのですが、やはり八五年に、理論的研究の方向全体にたいする根本的な思考を要求する論文が出てきました。徐《そ》寛模《ぐゎんも》教授の論文がそれです。当時、韓国で流行していたのは「従属理論」でした。フランクやアミンをはじめとして従属理論を借りて都市貧民や周辺化の現状を研究するといったものが多かったです。しかし、徐寛模教授は韓国社会におけるプチ・ブルジョワジーの変化の趨勢に関する論文（後に小さな冊子として出された）を発表したのですが、そこでは、プチ・ブルジョワジーが周辺化論や従属理論において語られているように増加しているのではなく、むしろ伝統マルクス主義の立場から両極分解している様相を示すということを、統計的な作業を通じて見せてくれたのです。そして、それとともに従属理論を批判しつつ、理論的に、どんな理論であれとりいれて研究するのではなく、原則に立脚した理論、言い換えれば「伝統マルクス主義」の立場に立った理論を通じて研究するべきだという問題提起を付け加えるのです。どれが正しい路線なのかを樹立するための研究をせねばならないということでした。

このように、実践的に、同時に理論的に正しい運動路線の問題を樹立せねばならないという問題提起が全面的になされたのですが、これが後につながっていくことで、運動路線をめぐる対立と闘争の時期に入っていくことになります。理論的には「社会構成体論争」というかたちで進められるのですが、これは同時に運動の方向と戦略路線についての論争でもありました。これが組織的な分化の本格的な出発点になりました。

私は学生運動圏の主流グループに属していましたが、このような問題提起を正しいものとして受けとめるようになり、ゆえに属していた集団から離れ、新しい運動を模索し始めました。マルクスとレーニンの本を苦労して手に入れ、一緒に読み始め、レーニン主義者になったのです。そして社会構成体論争に積極介入しつつ『社会構成体論と社会科学方法論』という本を書き、李珍景という仮名は虚名を得ることになりました。おかげで本名は忘れてしまいましたが（笑）。このように、革命の問題として理論の問題と組織の問題を同時に思考しようとし、これと結びついて仲間や後輩たちと一緒にそういうことを悩み勉強する新しい集団をつくるにいたったのです。そして、それが後に「労働階級グループ」という、いわゆる「ＰＤ」系列の組織として発展するようになります[3]。

もう一方では合法的な研究者ですから（笑）、研究も続けていました。金晋均《きむじんぎゅん》教授が八〇年に解職されたときにつくられた「上道《さんど》研究室」で社会学科大学院生の先輩たちとともに研究会をしていました。それ以外にも『社会構成体論と社会科学方法論』（一九八六年）を書いた後、新しく知り合うようになった方々とともに様々な党派の運動論について精密に検討する研究チームをつくり、文件や文献を読みながら運動の戦略について幅広く研究することができました。

話が長くなりすぎましたが……。とにかく、

「労働階級グループ」の仲間たちは職業的革命家組織をつくらねばならないと信じており、八九年くらいになると、そういう問題意識をもった組織が非常に多くなったために、むしろ重要なのは当時存在するこのような多くのグループをひとつに統合する、そういうやり方で「前衛党」がつくられねばならないと考えるようになりました。だから、単純に自分たちの組織を拡大するのではなく、この組織たちの統合をなしうる軸をつくりだそうとしたのです。これを一つの重要な事業方針とするようになりました。しかし、路線が完全に違えば不可能ですから、PD側の別の組織とつながる方法を模索しました。PD系列の組織としては「仁民労連（仁川地域民主労働者連盟）」や「帝ファPD（反帝反ファッショPD）」と呼ばれるところがあったのですが、これらのグループと後にも接触し、つながる道を追求しました。

　そうするうちに私は九〇年一月、安企部に逮捕されたのですが、その後にも私の仲間たちはそういった活動を続けていました。皮肉にも私が別のグループの活動家たちに出会うことになったのは、監獄の中でした。私が捕まって投獄されていた時期、ソウル拘置所にはやはり「組織事件」で逮捕され拘束された仁民労連や三民（民族統一民衆民主主義労働者同盟）、帝ファPDグループの指導的活動家たちがたくさんいました。外では決して顔を会わせられなかった地下活動家たちが敵によって逮捕され、それゆえ出会うことができ、一つの空間で互いのことを知るようになり、互いの考えやスタイル、個人的な面貌についてまでも知り、確認することになったわけです。まったく、またもや運が良かったというべきか（笑）。たとえば今は民主労働党の国会議員になった盧會燦《ノフェチャン》先輩と知り合ったのもその時でした。それが後に仁民労連および三民同盟と労働階級グループが統合を進めていく際に、非常に重要な機会を与えてくれることになったのです。

＊＊＊

監獄に入る前に、私は別の先輩たちと一緒に『現実と科学』という合法的な雑誌を出していました。当時としてはかなり「売れセン」の理論誌だったんです。多分、五号までは出して、私は拘束されたと思うのですが、その後にも多くの人がその周囲に結びついて雑誌を出版し続けました。これがもう少し積極的に拡大され、「ソウル社会科学研究所（ソ社研）」がつくられるようになります。『現実と科学』を機関誌として、理論的テーマを扱う論文を載せて発行しつつ、独自のテーマを扱う研究を分科として分けて進めたと聞いています。後に社会構成体論争の延長線上に韓国資本主義の歴史を研究した『韓国における資本主義の発展』という本と、ペレストロイカ以後の危機が全面化した社会主義についての研究書『社会主義の歴史・理論・現実』という本を集団的な研究作業を通じて出版しました。素晴らしい研究書でしたよ。しかし、ソ社研が公式に出帆したのは、私が逮捕された後だったので、私は創立に関われませんでした。

その時ソ社研では、おそらく伝統的な左派のスタイルだったろうと思いますが、集団的な研究作業をどのように組織するのかを模索していたのだと思います。そして、それなりに素晴らしい成果を出すことができていました。しかし、一年くらいが過ぎたころ「ソ社研事件」が起きます。軍隊に入っていた何人かのソ社研メンバーが国軍保安司令部に逮捕され、主導的な活動家の何人かが拘束されることで、研究所にたいする直接的な弾圧がなされたのです。非常に厳しい状況でしたが、所長だった金晋《きむじんぎゅん》均教授が韓国の運動圏のほとんど全てのことを誠心誠意かけて支援し助けていた人だったので、運動圏や学界のほぼ全ての方々が支援してくれました。それによって「ソ社研事件」はむしろ思想の自由、研究の自由にたいする弾圧の不当性を広範囲に知らしめるという「勝利」で終わったと思います。

しかしながら、こういった事件はまた、個々人の研究者にとっては少なからず負担だったようで、社会主義崩壊とも結びついて、みんなとても萎縮させられたという面もありました。そうやって時間が経過するなかで、多くの人が離れていきました。社会主義崩壊以後、運動する人の多くが運動から離れていったように、研究する人々もソ社研事件とあいまって離れていったり、もしくは分離して独立したりしていました。ソ社研は空洞化し、存立の危機に瀕しました。私がソ社研の活動を本格的に再開したのは、まさにその時でした。一緒に勉強していた仲間や後輩たちとともに、遅まきながらソ社研に入ったのです。

そこで私は社会主義崩壊以後のマルクス主義を構成しなおすために研究にいそしみました。近代性にたいする問いのなかからフーコーを読んだり、無意識にたいする思考のためにフロイトやラカンを、あるいはアルチュセールを再読したりもしました。そうしてドゥルーズとガタリをつうじて「大衆はなぜそれが自身のためのものにでもなるかのように、自らに対する抑圧を欲望するのか」という、スピノザが投げかけライヒが投げかけた問いに魅了され、革命を欲望の問題として思考するような勉強をすることにしたのです。けれども、これらすべてが、私が知っていたマルクス主義の失敗、その失敗をいかにして再考し領有していくのか、それをどのように乗り越えていくのか、そうして、いかにしてマルクス主義が再び希望の名となりうるのかという問題意識のなかに突き進んでいったのです。これは後に「コミューン主義をどう考え直すのか」という話へと引き継がれていきます。

＊＊＊

高美淑《こみすく》さんと出会ったのも、ちょうどその時期でした。ソ社研で私と高秉権《こびょんぐぉん》が中心になって近代性についての講義、ドゥルーズやマルクスの講義を開設したのですが、その講義を聴きに来たのです。それから一年近く講義に通い続けていました。そして、その頃、水踰《すゆ》里に高美淑さんが研究室を新しく作ったのです。

そうしているうちに、水踰研究室に行き、私や高秉権が講義をするようになりました。そうして一緒に勉強できる可能性を漠然と、おそらく各自が異なったかたちで考えるようになったのでしょう。そして九九年夏に、ちょっと事情があって私と高秉権をはじめとした何人かがソ社研を脱退することになりました。そうやって〈研究空間ノモ〉というグループをつくったのですが、つくったところで、私も他の仲間たちも、お金もなければ場所もない。水踰研究室と交流して、一緒に勉強する可能性を考えていたのもあって、空間を移して、一緒に研究室を使うというやり方を考えるようになりました。それがのちに一つに統合されて研究空間〈スユ＋ノモ〉になったのです。

水踰研究室は、高美淑先生をはじめとして、主に韓国文学史を専攻する人々が、近代性にたいする問題意識をもって勉強していた場で、私たちの側はマルクス主義やフーコー、ドゥルーズ／ガタリの哲学といった理論的な勉強をしていた場所でした。どちらの側も自分たちの専門的領土にこだわることがなかったために、一緒に勉強することが多かったですね。研究会も一緒にするようになり、講義も一緒にするようになり、そうしているうちに、誰がどっちの会員なのか区別できなくなってきたんです。特に新しく入ってきた会員なんかは、どっちに会費を出せばいいのかも曖昧になっていきました。だったら、二つを合体させようということで、〈スユ＋ノモ〉になったのです。

ソ社研から離れる過程で、もうひとつ切実に感じたことがありました。たとえば、実際はかなり小さな問題、小さな違いだったことが、互いの対立ないし敵対へと「発展」していくのはよくあることですが、以前はそれをとりたててマジメに考えていませんでした。しかし、そのときはどんなに些細な感情的問題から生じたことでも、互いが互いを非難・批判するようになったという過程を経験したんです。その過程で、たとえば私の場合には、他の人々の立場を理解しようとしてみるというよりは、私が持っている物差しで他の人々の行動や態度を批判していましたし、おそらく相手もそうだったんでしょう。それが後に、その問題を理論的な論点、路線的な問題へと拡大して討論しようとするのを見て、逆に私たちが知っている数知れない分裂と対立は、ある意味で、些細な感情的問題がこのように「深化」し、「発展」していったものではないのかと考えるようになりました。実際、私が考える正しい／間違っているという判断基準は、自分が正しいと信じることであり、自分が言うことこそがたいてい皆正しく、自分と異なる考えは皆間違っていると考えるのが当然じゃないですか？　ところが、そういうふうに常に自分の考えと異なるものを自分の基準で批判する限り、自分と異なっていること、自分との差異を肯定することが不可能なのは明らかです。

こういった考えから以前の私自身が辿ってき

ないのなら、一生こうやって出会っては別れて終っていく、そういうことにしかならないと思うようになったわけです。だったら助けになりあうような関係をいかにして構成するのか。これが、もう一つの重要な主題になりました。こういうことを、最近言われる「敵対の政治学」と対比して「友情の政治学」という名で構成できはしないかと考えました。実際、マルクス主義には敵対の政治学のみがあったといわねばならないでしょう？　差異を常に敵対へと還元することが、時にはおぞましい結果を、時には行き詰まりの結果をもらたすことを認識し、認めるべきではないかと思います。差異を敵対に還元しない、別の種類の政治がマルクス主義において可能なのかという問いを投げかけねばならないということです。友情の政治学と先ほど言いましたが、もしかすると、私たちの研究室のようにコミューン的な関係を構成しようとする

た道を振り返ってみると、一緒に組織や集まりをつくっては、違いや異論がパッと現れ、それがどんなに間違ったものなのか、日和見主義的なものなのかを明らかにしようとしてみては、それを理由に喧嘩別れするといった感じで終わるということが大部分だったんです。いつだったか「右派は腐敗で滅亡し、左派は分裂で滅亡する」なんていう話を読んだことがありますが、本当にそのようです。こういうふうに違いが敵対へと変化する過程を放置するのなら、さまざまなに異なる意見が共存して何かをともにできるなんてことは不可能だろうと考えるようになりました。「差異の哲学」というものを、そういう文脈から私なりに受けとめるようになりました。

だからそれ以降、何かをしようとするときに、互いに違うということが互いの助けになるような関係、あるいは助けになる関係をつくりだせ

場が、まさに敵対ではない関係、敵対化されてはならない関係において、そこから政治を思考するひとつの方法ではないかと考えます。

＊＊＊

この点から、研究室を構成するいくつかの成分を二、三の項目に整理する必要がありそうですね。いったん、理論的な側面からいえば、私が「コミューン主義」と呼ぶものがそれです。いわゆる社会主義や共産主義とは違うものとしてコミューン主義という概念を再構成しようとした最も基本的な問題意識は、コミュニズムというものを、カフカ流に言うならば「無限に延期される未来」、あるいはベケット風に「ゴドーを待ちながら」のようにいつまで待っても来ないゴドー、つまり、結局は来ない神のようなものとしてつくりあげてしまってはダメなんだということです。そういった理念がコミュニズムだというなら、それはいかにいいものだとしても、何の意味があるでしょうか。それはもちろん希望ではありうるだろうけれども、到来しない希望だという点で不在の世界であり、虚構の希望にすぎないでしょう。

むしろ、コミュニズムを今・ここで私たちが実行し構成していくものとして、マルクスの言葉のように「現実的な移行運動」としてつくっていくべきではないのかと思います。来ないものだという意味での「未来」の時制ではなく、今・ここから実現可能で構成可能なものという意味での現在の時制としてつくっていくということです。そもそも、コミュニズムとは人々が生きていくなかで現実の苦痛を乗り越えるために、よりよい生のために、その時その時作り出した希望の換喩でした。コミューン主義とは、社会主義崩壊以後の私たちがつくらねばならない新たな希望の名前にならねばなりません。それに合わせて現在の条件から再び思考し、再び創案せねばなりません。

二つ目に、組織的な側面における「特異的な構成の原理」というものがそれです。私たちが知っている党のような前衛組織や組合といった大衆組織のどれもが、一つの中心的な指導部によって有機的に統一された単一体です。そして、指導部は大衆たちの利益を代弁（代議）する代表とみなされます。単一の有機体、委任と代議という観念、これらすべてが非常に近代的なものです。近代国家の原理でもありますね。近代性を乗り越えるためには、このような近代的な構成原理も乗り越えるべきではないかと思います。だから、たとえば一つの中心ではなく、複数の中心がある組織、その中心がいくらでも増えていったり減っていったりできる組織、そして中心が増えたり減ったりするごとに全体的な性格が変わっていく組織、簡単に言ってみれば、このようなものが私たちの研究室を構成する組織原理です。これを私は「特異性」という概念を借りて表現しています。スピノザやドゥルーズがいうシンギュラリティーという言葉は、「単独性」と翻訳されることがよくありますが、そうではなく、まさに今言ったような特異性を意味します。それはむしろ、集合的なものです。複数の特異な点が集まり、一つの個体を構成し、その個体の特異性を構成するのです。その特異な点は、分離し独立した瞬間、特異性を失わせますが、また異なるものたちと結合し、異なる個体を構成するのであれば、異なる種類の特異性を構成するようになります。スピノザは複数の要素がともに一つの個体をなすとき、この複数の要素を合わせてシンギュラーだといったことがありますが、この意味で、特異性は単独的なものではなく、集合的なものなのです。同時に、集合的な一つの個体、一つの身体を構成する場合、その構成要素たちの集合的配置を特異性と呼ぶことができるでしょう。

したがって、このような集合体には新しい特異な点たちが追加されうるし、既存の特異点のなかである点が抜け出すこともあります。ところが、その時ごとに集合的身体の全体が変わり、異なる特異性をもつようになります。私たちの場合、たとえば人でそれを表示してみましょう。高美淑さん、高秉權をはじめとして特異点の意味ないし効果をもつ特異的人物たちの配置のなかで、全体の研究室の特異性が構成され、それが加減されたり変成されたりしながら全体の研究室の特異性が変わっていきます。ある時にはフーコーとマルクスが目立って浮上することで、近代性の研究集団とみなされたり、ある時にはドゥルーズとネグリ、マルクスが浮上することでアウトノミア的な活動集団とみなされたり、またある時にはヨガと仏陀が浮上することで「静的な」修行共同体とみなされたりもします。おそらく、これも全てではないでしょう。こういう点から、研究室の構成員ではなく、私たちの研究室で引き入れ、使用する知的資源の特異的な構成体として叙述することもできるでしょう。あるいは、プレゼント（贈与）の原理、ノマドの原理、肯定的触発の原理といった様々な「原理」の特異的な構成体として叙述してもいいかもしれません。このように、私たちは資本主義や近代社会とは異なる種類の組織を、集合的身体を構成していく実験をしているわけです。

三つ目に、もう一つ、抜け落ちてはならないのが情緒、感応の次元だと思います。感応とは、スピノザが使ったアフェクトの翻訳語ですが、日本では通常、情動と翻訳されていますね？喜びの感応、愉快な情緒、あるいは笑いとユーモアの能力がそれです。これはたんに副次的だとはいえない重要な位置づけをもちます。

多くの人が指摘しているように、私たちはどこで何をするにも、常に笑い、楽しく過ごします。そしてそういった感応と情緒を美徳としています。だから、ある人はそれを真摯さに欠けるとか、軽いと批判したりもします。軽いことは事実ですが、私たちが真摯ではないというのは受け入れられません。軽い真摯さ、それが大切なのです。

実際、私たちがそのように笑って愉快に過ごすなかには、激烈な対立と葛藤、悪口雑言が飛び交っている壮絶な闘いがあったりもします。激烈ではないとはいえ、そういう対立と葛藤は日常を共有する場合には決してなくならないものでしょう。組織や社会生活はもちろん、家族の中でもそうじゃないですか？　そのうえ、私たちのように、寝るとき以外はほとんど一日中一緒に過ごし、何かをともにつくっていかねばならない場合には、ほんの少しのスタイルの違い、習慣の違い、些細な失敗や無関心が他人を居心地悪くさせたり、被害を与えることが多くあります。ご飯をつくり、掃除をすることから研究会の時間を守ること、発表や原稿の約束を守ることなどにいたるまでです。高美淑さんが、一時期「高魔女」、すなわち「魔女」と呼ばれていたことがありましたが、すべてこういう理由からでした。互いを気遣い、互いに対する約束を守り、やるといったことをきちんとやり遂げ、責任をとれないことが幾度か重なりはじめれば、それが悪循環をつくりだし全体を弛緩させ、ダメにしていくのはあっという間です。このような場合、ほうっておいても対立と葛藤は不可避です。私たちはこうなると大声をあげてまで警告し、警戒し、互いを気遣う活動を習慣化しようとします。このためには、高美淑さんのように、怒鳴り、小言をいう人も必要だったでしょう。今はもうある程度安定し、新しい人々が入ってきても大部分の人が「静かに」話をし、直すところは直していくので、怒鳴り声を聞くこともなくなりましたが。一種の好循環が作られたわけです。

ところが、このように対立と葛藤、喧嘩が不可避なとき、それによって引き起こされる感情もまた避けることはできません。そう、それは避けられません。けれども、そういう感情が引き起こされることは避けられないといっても、その感情にたいして軽く、クールにならないとこのような状況にも持ちこたえ、このような関係のなかで生活しつづけることは不可能です。次につながるほんの小さな対立も、いつの間にか互いにともに暮らしづらい分裂になっていくのです。したがって、そういう葛藤と対立を軽く受け流す能力と知恵が必要であり、その時の感情が絡まりあって増幅する前に、異なる種類の感情へと流れていくようにもっていくことが重要です。怒りの感情、萎縮した感情、イライラする感情、不満の感情などが生じたとき、笑いや愉快さ、冗談とユーモアなどでそれらを流動させ、流れるようにしむけることが重要です。それがあれば、悲しみの感応、怒りや不満、不安の感情などを軽く乗り越えていけるようになります。居心地の悪そうな表情も、すぐさま楽になります。これこそ私たちが喜びの感応、笑いとユーモアを重要視する理由です。だから、わざとでも笑いをつくりだそうとします。笑いをつくる能力がなければ、すぐさま「サムい、つまらん」と非難され、だからサムいことを笑いのネタにしてしまいます。つまらない人も笑いを起こせるようにするのです。そういうわけで、私たちが集まると非常にうるさい。会議はいつも爆笑で騒がしく、外国語の勉強も笑いながらするし、研究会も笑いながらやっています。

これは、ある面からみれば、コミューン主義を「せねばならない」という義務ではなく、「楽しく面白いから」やろうということ、自分がしたくてするということ、だから義務ではなく欲望へと変化させるという面でも、重要な役割を果たすのです。その点で、生を肯定できる態度、ともに生きていくことを楽しめる態度を構成するさいにも、やはり笑いと喜びの感応が重要だと思います。そのために、ひどいと思われるくらいのユーモアを賞揚するのです。問題は、私のようにつまらない人――実際、私はマジメではあるけれどもつまらないとは考えていませんが、とにかく、そんな烙印が押されています。多分、哲学的概念で冗談をいい、ユーモアをしては失敗するということでしょう――は、「冷却機動隊」（李珍景さんのあだ名、ユーモアを打ち消したり、サムいギャグをいうことから）と追いやられ、難しい立場に立たされているという点ですが（笑）。

　このように、コミューンやコミューン主義を愉快で肯定的に思考することが重要だと考えて、私はたとえば『明かしえぬ共同体』でブランショが語るような「死にゆく他者の手をとりながら身震いする」というような共同体、死をつうじて互いが共同の存在であることを感じる、そういう共同体、他者の苦痛を受けた顔を通じて確認されるレヴィナス式の否定的で暗い共同体は好きではありません。それは多くの場合、「同情の倫理学」の別バージョンのように感じられます。そのような思考を見ながら、ある意味でそれらは個体性を否定する共同体の集合性を避けたいのだが、そうかといって共同体を否定する個人主義へと向かってはダメだというような、困惑に満ちたジレンマのなかで、無理やり練りだした共同体ではないかと思ってしまうのです。

　話が長くなりすぎましたね。先ほど冨山さんから「もう少しマシな生にたいする夢と希望の換喩がコミュニズム」だったということを積極的に解釈してくださりつつ、敗北したのは換喩だけれども夢が消え去ったわけではないとおっしゃってくださいました。私はその言葉を、夢が別のものとしてあるのではなく、いつでも特定の「換喩」として、その時ごとに特定の形態としてのみあらわれるものだと受け取りたいです。だから、いつでも条件によって絶えず違うかたちに変化していくものだろうし、そういう換喩としてある、ということです。支配的なマルクス主義が確固たる位置を占めていたときには、異なる種類の形態があらわれにくかったでしょうが、むしろそれが社会主義崩壊を通じて湧き上がってくることで、異なる種類の換喩の形態を思考させ、つくりださせたのだと思います。この点から、それは私たちにマルクス主義という名をもって新たな夢をみて、新たな希望をつくっていくようにさせてくれた機会だと思います。これこそ、敗北《ピンチ》は機会《チャンス》だという理由でしょう。カフカは、希望とは絶望の別の名だと言っていましたが、私は逆に言いたいです。絶望は希望の別の名である、と。

＊＊＊

――ありがとうございました。非常に共感しました。僕らが大切にしており、時に使う言葉ですが、「今、ここの可能性」ということとつながっている話だと。よきことが達成できる目標を先送りするような、思想や議論というのは反動的だと僕たちは思っているので、それをどうやって、今、ここでやっていくのかということがポイントになるというふうに思います。李珍景さんのいうコミューン主義は、「何も共有しない者たちの共同体」というアルフォンソ・リンギスの考え方にも通じるところがあります。リンギスは非常に原理的なレベルでしばしば考えているわけですが、それをどのように僕らにとってのテクノロジーにするのかというのが、すごく大切な課題だと考えています。

まったく違った人たちが入ってくることを、そのまま全面的に肯定することがなかなかできないというのが今の、特に運動なんかではしばしばあることだと思うんですよ。差異の政治学、差異を大事にするということは、僕らの周辺でもしばしば言われるんですが、よく傾向的に出て来るのは多文化主義的な多元主義に留まってしまうといことです。問題は文化の話じゃなくて、党派性の話なんですね。生産関係によって規定された社会的意識の外をどう考えるのかということをしっかりと受け止めるということは、意見の違いということを党派性に持っていかない、あるいは法則的未来という形で未来を設定しないということと連結している。

李珍景　ありがとうございます。若干、誤解の余地を残した感じで話をしてしまったので少し補足します。先ほど私が言った差異の政治学についてですが、おそらく、多くの人は多文化主義のなかでその政治学を語るがゆえに、こういう話をすると大方、その文脈で差異が理解されることが多いです。けれども、私たちはそこで言われているような、多様な文化の差異、人々の差異をあるがままに認め、保存しようという考えでは全くありません。研究室にはじめて来る人々の習俗を例にあげてみると、実際、多くの場合、それは近代社会が育ててきたものであり、そのままでいてはいけないようなものです。もちろん、だからといって一方的におしつけることもできません。しかし重要なのは、何でもかんでも共存しようというのはダメだということです。共同でコミューン的な生を構成するさいに、適切なあり方へと変化せねばならないのです。もちろん、そうしようとする態度、そして触発しながら自らもまた変化に開かれているという姿勢は必要ですが。だから、価値法則に反して闘い、近代的な個人主義に反して闘い、新しい種類の生を作っていくことが重要だと思います。その過程で、闘争と葛藤は避けることができません。実際、闘争と葛藤、対立はえてしてそのために発生するのであって、その過程のなかで互いに変わりうるものは変わっていくように触発しなければならないのです。それが友情だと思います。それが、必ずしも私が考えているとおりに変わらねばならなないということではなくて、どんなふうにであれ変わらねばならないということは否定できません。

もう一つ、哲学的次元から話すなら、私たちは、差異を多文化主義的観点から語るように、認める対象や保存の対象として考えることこそが根本的な保守主義だと思うのです。私たちが考える差異とは、AとBが出会ってAがA'になったり、BがB'になることであって、私が他のものと出会い、私自身が変わるということです。差異は「保存」されるものではなく「生成」されるものだということです。あらゆる差異が、あるがままに尊重され認められるべきだというふうに考えないのは、こういった理由からです。それこそ、既存のもの（アイデンティティ、同一性）を差異という名で保存する、保存の政治学といえるでしょう。そういう点から、差異の政治学や共同体と関連して、その種の差異概念や共同体概念にたいして闘争せねばならないと考えています。

――まったく同感です。旧来の党派性にとらわれたような社会的意識の形としての政治というのが強く存在しているので、差異という話をした瞬間に多文化主義に奪われたりする。そういうあり方に、やっぱり僕らも批判的でありたいと思っていますので。現在、明確に意識化された目的意識を持った運動形態があって、実際的に党派的な対立もある。その中に、〈スユ＋ノモ〉のような研究空間はどういう役割を果たしていくのか。つまり、一方では明確な意識的な運動が必要とされている、他方ではある種それを関係性の生成の話にもっていくやり方が模索される。研究運動こそがやりうる、運動を統合する普遍的理念を作る研究ではなくて、運動のエンジンになっていく研究機械のあり様をどう考えるのかということが、重要だと思います。

李珍景　自分たちは、研究室でやっているようなことが、この社会の全ての問題を解決できるとは思っていません。かつてのマルクス主義がもっていたあらゆる問題を解決することができるとも思いません。たとえば、国家を転覆する運動、これは依然として重要だし必要です。けれども、それはこのような研究室やコミューンがするには、実際のところズレがある。それは未だに党的な運動のほうが効果的なやり方なのかもしれません。これに限って言えば党的な運動がやはり今尚有効だと思います。その点からみれば、私たちは以前のマルクス主義を代替するのではなく、第一義的には以前のマルクス主義とは違ったものを構成しようとしているのだと理解していただければありがたいです。もちろん、それが以前のそれと共存したり総合されうるかという問いが、再度投げかけられねばならないでしょうが。

とにかく、私は選挙や法などに関しては多くの場合、民主労働党（民労党）を支持しています。もちろん、民労党の路線が経済主義から大きく抜け出たものではないという点はよくわかっていますし、その上、今は民族主義的性向をもった人々によって大きく左右されているという点については、残念に思っています。コミューン主義はもちろん、甚だしくは強い意味の社会主義さえはっきりと標榜していないにもかかわらず、今の「政治的情勢」のなかでは選挙をするさいに、あるいは他の何かをするようになる際に、私の理念は民労党と同じではないにしろ、積極的に支持し、声援を送っているつもりです。それは、私が民労党と同じ考えをもっているからこそ支持するのだという考えから脱すれば、実際には簡単なことです。「今の条件のなかで」、たとえば選挙の場合、誰が一番いいのかを問わねばならないからです。

　しかし、多くの人は民労党の運動をする人たちの内部やその周辺にいる人でさえも、今現在掲げている理念が今の私の理念や路線と違うという理由で批判しています。これによって、ただでさえ弱い勢力なのに、その力が分散します。やはりそこでも、互いに異なるということを、逆に、異なるがゆえに力になり、それを通じて自分も変わるという、そういう関係にしていかねばならないと思います。何事も、すべてのことをやり遂げることはできないものだということを認めるべきでしょう。

　そして、先ほど党派的対立という条件の中で、研究室が何をできるのかという問題を提起されましたが、その対立を私たちが解消できるとは考えていません。かといってその対立が私たちにとっては無意味であるとも思いません。先ほど、敵対の政治学を批判しながら、あらゆるものを敵対に還元しようとするのは問題だといいました。かといって敵対が支配するこの資本主義社会の中で、敵対の政治学がなくなることはありえない。おそらく、党のような組織がそれと結びついて活動するのでしょうが、さっき民労党について言ったことを、対立や敵対が支配する条件でどちらか一方を支持することが問題である場合、私たちが選択する原則だと考えてくだされば結構です。

ところで、これと違う次元で、私たちは、ある対立が生じたとき、どちらか一方をとることとは別に、その対立の外部において、対立と無関係に存在する多様な種類のコミューン的欲望を触発するというやり方で活動していけるのではないかと思っています。その点から、一種の研究運動だとおっしゃってくださいましたが、研究運動という言葉もこのような意味で考えてくだされぱありがたいです。その場合、「運動」という言葉は、私たちの外縁を拡大していく活動ではなくて、様々なやり方で異なる種類のコミューンや共同体がつくりだされるべく実験し触発する触発－機械として理解していただけたらと思います。もうひとつ、党派的対立や、現在の敵対のなかで運動する組織および運動についても、それらがその対立のなかにあるがゆえに見えなくなっていることに対して、私たちが触発し介入し、関与することができればと思います。それらが受け入れられるか否かにかかわらず。この点から、私たちはたとえば労働運動にたいしても語ることができるわけです。

冨山 そろそろ……これぐらいで、お酒が飲みたいな（笑）。

崎山 それは異議はない、ほんとに異議はない（笑）。魂のガソリンをそろそろ。

李珍景 話が長くなりすぎました。お疲れでしょう。

崎山 いやいや。疲れさせたのは僕らのほうですから（笑）。

冨山 それじゃあ場所を移して、議論を続けましょう。

（二〇〇六年二月九日　京大会館にて）

訳註

（1）九老《くろ》はソウルの西部にある工業地域。韓国では業種ごとに労働組合がつくられているのだが、一九八五年、異業種の労働者たちが団結・連帯し一斉ストを展開した。前節註（3）も参照。

（2）ソウル労働運動連合事件。一九八六年五月六日、ソウル南東部にある蚕室《ちゃむしる》でソウル労働運動連合の指導的地位にあった活動家数名が私服警察に逮捕された事件。それに先立つ五月三日にも未明に活動家が逮捕されている。逮捕された活動家たちはひどい拷問を受けた。ソ労連は、九老同盟ストの成果とそれに続く同盟ストを主導した学生運動出身の労働運動家たちが提起した新しい問題意識から出帆した組織である。「労働三権という最も基本的な権利さえ弾圧する暴圧的政治状況においては労働運動も経済闘争を超えて政治的民主化の先駆をきるべきだ」「労働運動はひとつの部門運動ではなく全体の社会変革運動の次元でなされねばならない」。そのために労働者の政治的覚醒と闘争を目標にした新しい労働者の大衆組織が目指され、ソ労連はそれを主導した組織である。そのため、出帆当初から当局に狙われ、多くの活動家が捕まえられた。

（3）前節註（6）参照

研究アクティヴィズムのために

インタビューを終えて

冨山一郎

「今から五年前、私は三〇代後半の博士失業者だった。当時わたしの目の前にあった次のコースは大学に進出すること。しかしながら希望はなかった。……（中略）……経済的自立と学びの場――わたしは初心に帰って、教授になろうとしていたのはこの二つを確保するためにであったことを思い返した。だとするなら教授採用に必死になって『精力を使いはたす（！）』くらいなら、いっそこの二つが可能な新たな領域をかいたくするほうがましではなかろうか。水踰（スユ）里の勉強部屋はこのようにして始まった」（高美淑「ノマディズムと知識人共同体のビジョン」）。研究空間＝機械〈スユ＋ノモ〉を始めた一人である高美淑氏は、その初発の状況をこのように記している。すなわちその系譜の一つには、こうしたいわば高学歴失業問題が存在するのである。そしてそこに国境を越えて拡大する不安定性を確認することは、極めて重要である。

ごまかしてはいけないことは、日本において既に大学は労働力の再生産機構として機能不全に陥っているということである。もちろん個別で見れば偏差はある。とりわけ「ブランド大学」とそうでないもの、あるいは大都市圏に位置する大学と地方大学、また分野においても様々だろう。だが必要なのは、一部の場所をとりあげ、そこにあるべき大学の理想像を見出すことでも、自分の場所は大丈夫だという意味のない開き直りをすることでもない。はっきりしているのは、これまでの大学に連結して制度化されていた労働市場と大学との関係が、総体として既に崩壊し始めているということなのだ。またそれは、大学が独占してきブレイン・ワーカーの労働市場において、より顕著に現れているといってよい。

大学院も含め、大学は既にこれまでのような労働市場との接続を失っているのである。そしてそれは、単に定員が増えたとか入学志願者の減少という問題ではなく、あらゆる職種において見られる非正規雇用の拡大、不安定就労の拡大、不当な労務管理の拡大にかかわっている。すなわち高速に移動する資本の拡大により、これまで労働市場の分割を維持してきた諸制度が無効になり、これまでの制度が労働力に与えていた資格やキャリアにかかわる命名が喪失し、無名性の拡大と総流動化状況の中で、大学が機能不全になっているのである。資本と労働力の結合は、大学をはじめとする旧来の制度を乗り越えて(時には利用もするだろうが)、もっとすばやく遂行され、自在に解除されるようになってきた。教員の派遣労働者化、この数年膨大な数に膨れ上がった非正規雇用の特任研究者は、大学が制度化してきたブレイン・ワーカーの労働市場におけるこうした流動化と不安定化の顕著な例だろう。

不安定性が拡大しているのだ。もちろんそれは一様の拡大ではなく、不安定性が様々な既存の規範や制度と重なりながら現実化しているのであり、「女性」、「障害者」、「外国人」といったカテゴリーはこの不安定性の中でもう一度意味を獲得するだろう。だがこの不安定性の拡大は、従来のような階層化された労働市場を前提にして理解すべきではなく、繰り返すが事態は総体として生じているのだ。したがって不安定性は客観的に定義される一部の労働形態の問題というより、多様な具現形態を持ちながらも総体として存在する未来への不安として蔓延しているといってもよい。「プレカリアート」とは、労働市場の階層性を意味しているというより、総じて蔓延するこうした不安や生きにくさを、前向きに言い換えようとした言葉なのだ。そして今の大学をめぐる諸現象も、大学だけの問題ではなく、こうしたプレカリアートの中にある。

その結果、大学はただ通り過ぎるだけの場所になる。それは職という目的地にただ移動する通勤電車であり、さらに目的地に到達しない幽霊列車になりつつある。だからこそ、あたかも目的地があるかのような様々なごまかしが今生み出されているのだ。はやりの自己実現は、こうしたなかで準備された言葉だ。平井玄の『ミッキーマウスのプロレタリア宣言』（大田出版）には、教育関係の出版社で受験雑誌の記事のチェックをするN君の話が出てくる。あなたの夢をかなえます。多くの大学が、国際交流、時代のニーズにあった教育プログラム、最先端の研究といった砂糖菓子のような言葉を若者たちにふりまく。そしてその記事をチェックしていたN君は、激しく苛立つ。海老がないのに衣だけが膨れ上がっているエビ天。それは彼がこうした砂糖菓子のような言葉につけた名だ。そしてこのくだりを読んだ私は、この数年間、エビ天満載の業務書類を大学の中で書き続けてきたことを思い出し、自分自身に吐き気を催した。

　このようなことを、大学に職を持っている者がいうことは反感を招くかもしれない。そしてその反感は当然だ。そしてだからこそ、もうごまかすのは、やめておかなければならないのだ。くりかえすが、市場との接続を保っている一部の部分を称揚するのは、もうやめよう。売れる研究や社会のニーズにあった教育システムを開発することが重要なのではない。流動化の中でそのような場所は新しく生み出されるだろうが、それは総体としての崩壊の徴候に他ならない。ここで、職などいらないということをいっているのでは断じてない。すべての人が生きていけなければならないということを強調したいのだ。大学は今、ごまかしきれない臨界点に達しつつあるように思う。冒頭で引用した高美淑氏の文章が示すような〈スユ＋ノモ〉が生まれた状況は、韓国だけの問題ではないのだ。乱暴に見えるかもしれないこうした〈スユ＋ノモ〉との問題の共有化は、いま絶対に必要なことだろう。

　その上で、いやだからこそ、この〈スユ＋ノモ〉にもう一つ系譜が存在することを、確認しておかなければならないのだ。ここに収録した李珍景氏へのインタビュー、ならびに氏の「マルクス主義とコミューン主義」が、その系譜を示している。このインタビューで〈スユ＋ノモ〉のもう一人の立役者である李珍景氏が体現している系譜は、高学歴失業問題とは少し異なるものだ。それはいわば研究と運動の位置関係にかかわる問題である。一九八〇年代、最も戦闘的な学生運動の中心的存在であった李珍景氏にとって、研究とはまずもって資本主義社会をどのように理解し、そこから生じる矛盾をどのようなものとして設定し、それに対する路線をどのように打ち出すのかという作業に他ならなかった。いわば資本主義の現状を分析し革命の為の正しい戦略を確定する作業こそが、運動における研究の位置だったのである。そしてこのような研究活動は、すぐさま激しい路線闘争へと結果した。「社会構成体論をめぐっての論争は、そうして政治路線と戦略をめぐる論戦へと変換されていき、組織的な諸差異はそういった理論的差異を徐々に拡大させつつ、それぞれが固有な立地点へと変換されていった」のである（李珍景「マルクス主義とコミューン主義」）。

　これはきわめて了解しやすい話である。運動の中で研究活動をどのように位置づけるのかということは、同時に運動の形態をどのように想定するのかということと深くかかわっているのであり、ここで李珍景氏の述べていることは、理論的正しさにおいて補強された党派性の問題なのだ。またこうした普遍的な政治的正しさは、インタビューでも明らかなように、正しさを独占する前衛組織による「命をかけた」闘争形態とも重なった。命をかけるというラディカルさが正しさの証明になるという転倒を、生んだのである。そして李珍景氏が運動の敗北を、マルクス主義の放棄ではなくまた従来の前衛組織による運動の肯定でもない地点、彼の言葉を借りれば、「留まることも去ることも出来ない」（李珍景『マルクス主義と近代性』）地点においてうけとめ、依然としてマルクス主義者として生きようとしたとき、自らがおこなってきた理論的作業と運動形態の関係を根本的に捉えなおそうとしたのである。ここにおいて彼は、高美淑氏と出会う。この出会いの中で李珍景氏における研究活動は、遠い未来の正しさを確保することではなく、今において自らの生きる場所をいかに生み出していくのか、つまり「生と密接に結びついた知識を生産すること」（「マルクス主義とコミューン主義」）へと展開していく。ここに〈スユ＋ノモ〉が誕生することになる。

高美淑氏の存在が示す大学崩壊の中で生き抜くという選択は、李珍景氏が示す八〇年代における運動論の内省と化学反応を起こし始めたのだ。たしかにプレカリアートは、いわゆる高学歴者の問題ではない。少なくともそこに軸があるのではない。だが、今の状況に対して「何をなすべきか」という問いを、研究なる営みにおいて立て、実践していく試みは、依然として重要だと私は考えている。かかる意味で、両者の化学反応は好機なのだ。

重要なことは、李珍景氏にとってこの研究をめぐる展開は、単に研究テーマや研究スタイルの問題ではなく、前衛をめぐる党派性と武装の問題に密接に結びついているということだ。正しい綱領のためではなく、討議においていかなる場所を生み出していくのかということが、そこではきわめて重要な論点になるのであり、それはまた、正しい綱領を打ち立てる前衛組織とは異なる運動形態の生成を要請し続けるのである。資本と労働の再結合の中で引き起こされるプレカリアートの拡大という今日の共時性とともに、私が〈スユ＋ノモ〉の活動に強く魅かれるのも、まさしく運動形態にかかわるこの系譜である。中心メンバーの一人である高秉權氏は、「人々は組織を発展させることが、運動を発展させることだと考えています。組織を運動の主体であり単位であると考えるからです。しかしながら、ある組織が一糸乱れぬ体系を備えたとき、すなわち完成の瞬間に近づいたとき、私たちはその組織の敗北を予感するのです。組織は運動の基礎ではありません」（「鍾路時代の提案」）と記しているが、いいかえればそれは、いま述べた党派性という問題とも重なるだろう。

李珍景という人物の存在が示す〈スユ＋ノモ〉の系譜には、運動が創出したユートピアの瞬間を運動自身が裏切っていったという歴史が前提にされているのであり、その上で運動がいかなる集団性を生み出していくのか、またその集団性の生成において「知る」という行為がいかなる位置を占めるのかという問いが、浮かび上がるのである。こうした問いは、様々な場において繰り返し問題になったことなのかもしれない。たとえばフェリックス・ガタリが、一九六八年の「五月革命」において生まれた集団性を念頭に置きながら、革命的主観性の創出の必要性とそこにおける分析（「分析機械」）の重要性を主張したことや、「本質主義／構築主義」などというアホな言葉のフェミニズムにおける流行の中で、ダナ・ハラウェイが「状況に置かれた知」ということを介入的に主張したことや、アイデンティティ・ポリティクスと普遍的学知の接合の場としてベル・フックスが教室における討議という実践を提起したことなど、連動すると思われる動きは多々あるだろう。

また様々な内容を持つ言葉として流通しているカルチュラル・スタディーズもそうだ。私が台湾で出会ったカルチュラル・スタディーズと称されていた動きは、研究テーマとしての文化を示す用語ではなかった。それは一九八七年の戒厳令解除に象徴される民主化の中で、自分たちが何を求めていたのかを内省し、それを表現していく作業だったと思う。すなわちそれは、フェミニズムや性的マイノリティの運動からセックス・ワーカーたちの運動、台湾先住民運動などが一挙に顕在化し、入り乱れながら、自たちが何者で、いかなる欲望を持ち、いかなる場を求めているのかを言葉していく実践であったように思う。あえていえばそれは、民主化を戒厳令解除や政党政治といった制度的文脈において収拾させない（裏切られない）為の、雑多な活動なのであり、友人の陳光興につれられて参加したセックス・ワーカーとその支援者たちの討議の場は、いわば労働学校のようでもあり、また〈スユ＋ノモ〉のようでもあったことを覚えている。研究といえば、テーマとか、どのような研究分野かといった問いがすぐさま出てくるが、この台湾で出会ったカルチュラル・ステディーズは、研究テーマや研究成果の問題というより、集団性を問い、集団性を生み出す行為としてあった。

　こうした運動する多くの実践の中に〈スユ＋ノモ〉を位置づけて考えてみることは、ぜひとも必要なことだ。だがそれは、共通項をツマミ食いのように拾い集めていくことではないだろう。こうした諸実践が登場した複数の歴史性とともに、検討しなければならないのだ。そのことと関連して、この〈スユ＋ノモ〉の系譜には、インタビューでも言及されているように、一九八〇年代における韓国学生運動の激しい党派闘争への彼なりの総括が含まれている。だからこそ、このインタビューからは、彼や彼の行動を理想化するのではなく、そこにある戸惑いや葛藤を読み取らなくてはならない。またそれは、凄惨な「内ゲバ」に陥没した運動経験をひきずっている日本の学生運動において、このインタビューをいかに読むのかという問題でもあるだろう。いいかえれば、「内ゲバ」を引き起こした党派が、自らの歴史性への内省的な検討を行なわないままいまだに存在し、またその党派以外の人々は、自分たちとは関係のない出来事して（「内ゲバ」と言う表現自身、こうした外在化を含意している）問題を冷笑しながら放置し、いずれにしても総じて先細っていったこの国の学生運動の惨憺たる歴史の中で、〈スユ＋ノモ〉をどのように受け止めるのかという問題なのだ。李珍景氏のインタビューがこの国の文脈において読まれる際の重大な論点として、「内ゲバ」が存在するだろう。

　そしてかかる運動経験や運動形態の問題を考えたとき、いかなる回路において〈スユ＋ノモ〉とかかわりうるのかということを発見することが出来る。それは、党派闘争のなかで殺し合いが拡大した一九七〇年代の新左翼運動の経験であり、たとえば天野恵一氏が『「無党派」という党派性』（インパクト出版会）で述べた、「あたりまえの人間が普通に悩むという場所を共有しながら進む」（一三九頁）ことでもある。いまここで、日本の運動が韓国の運動に先んじていたなどということをいおうとしているのではない。そうではなく、それは、ある魅力ある運動に出会ったときの受容の作法の問題であり、たんなる政治効果ではなく、受け入れる場所にかかわる歴史性の想起とともに運動を考えたいからである。かかる作法を欠如したところでは、魅力ある運動もたんなる紹介か、くりかえされた表面的な模倣に終わることだろう。

新左翼における党派闘争の激化の一方で、一九七〇年代においては個別課題が登場し地域闘争が拡大した。一九六八年をことさら持ち上げる議論や、一九七〇年七月七日の華僑青年闘争委員会（華青闘）の新左翼諸党派への決別宣言を持って運動を総括してしまう乱暴でかつ東京中心の議論に出会うたびに、一九七〇年代以降各地域で展開した個別具体的な運動が視野に入っていないと感じてしまう。たとえば杉原達氏がこうした乱暴な議論への怒りを込めながら的確に指摘しているように、華青闘の告発は一九七〇年代、たとえば大阪においては民族差別の撤廃、在日外国人への排外主義と戦う具体的な運動として継承され、一九八〇年代の指紋押捺拒否運動に繋がっていくのである（杉原達「帝国という経験」『アジア・太平洋戦争1』岩波書店）。

一九七〇年代、反公害、反開発闘争、反原発闘争あるいは反差別闘争やリブの運動、寄せ場での闘いなど、個別具体的な課題をめぐって運動は各地域に拡大し、また拡散した。そして党派性あるいは前衛組織の問題は、まさしくこの個別具体的な地域闘争の中で再審にかけられることになる。いいかえれば綱領的あるいはドグマ的「普遍性」ではなく、「具体的な個別課題を多様に交流・媒介させることで明かにされる『普遍性』への通路」（天野、同、二七三頁）こそが、求められたのである。そして、まさしくこの個別課題との具体的関係において、研究なる行為も問われることになる。

一九七七年に私が大学に入学した時、様々な自主的研究グループが存在した。とりわけ農学部に入学したせいもあってか、反開発、反公害、反原発の地域闘争とのかかわりをもつ多くの研究会に出会った。その一つに一九七二年に石田紀郎氏たちがたちあげた災害研グループがある。石田氏は一九六九年九月の京都大学農学部封鎖解除の際逮捕された教官の一人である。二四時間研究室や実験室にいることの多い農学部の学生や院生、教員にとって、占拠は日常空間そのものの占拠であり、したがってそれは占拠というよりも、いつもの場所に居座ることであり、同時に占拠した空間の中で何を研究するのかということが問題になった。そして暴圧された後、多くの者が同じ研究には戻らなかったのである。災害研もそうした中で出来たのであり、大学内に独自な場所を確保し、反開発、反公害闘争とのかかわりを作り上げていった。一九七二年一〇月二四日の日付がある石田氏が書いた、「なぜ災害研究グループを結成したか」というビラには、反公害闘争とのかかわりの中で、「すでに『科学者』として出発してしまった我々はどうすればよいのか」と問い、「新たに人間を根底においた学問技術論を、我々が自己の中に染みついている『科学者』であることを解体しつつ（告発しつつ）、模索し、作り上げていく運動が我々の課題であり、災害研活動の基調である」としている。そして末尾は「我々は、このような作業を通じて、自然を分断し、分断化された自然を対象化し、さらには人間をも分断対象化した『物』としてしか扱わない現代科学の状況から、我々も含めて、人間の解放が可能になると考える」と結ばれている。

　個別闘争、地域闘争の拡大と拡散は、運動における党派性に結びつく研究とは異なる研究の位置が求められる状況でもあった。災害研だけではなく、様々な研究グループがこうした状況にかかわっていった。そして自らの生きる場所自身を問う中で、まさしく天野氏がいうように、個別具体的な課題を媒介させていくような回路をどのように見出すのかということが問題になったのである。こうしたことは、石田氏の災害研や宇井純氏の「自主講座」などの反開発、反公害闘争や反原発闘争における自然科学系の研究に限ることではない。たとえば様々な解放運動における解放研の位置やフェミニズムと女性学との関係も、同様だろう。ただ自然科学系の研究分野についていえることは、たとえば有害物質の分析といったようにすぐさま運動の役に立ってしまうという問題があった。そしてこの「運動の役に立つ」が、ある種の運動と研究の関係を固定化してしまったと、当時あまり役に立たなかった私は思っている。いいかえれば、応用先の変更がすぐさま「我々」も含めた「人間の解放」であるわけはない。そういう意味では自然科学は、使い勝手の悪い道具だった。だがそこでも、科学というツールを使ってアカデミアにおいて統制することの出来ない関係が作り上げられた。大学で実験室を一時的に占拠し、ガスクロマトグラフィーの分析機械を（こっそり）奪取し、大型コンピューターにデータを内緒で入力するというゲリラ活動が、日常的に展開されたのだ。それはやはり、研究活動において新たな関係を構築し、自らの生きる場所を作り上げる営みであったと思う。そしてここであえてつけ加えるべきは、こうした研究活動に、前衛組織や党派性とは異なる運動形態が内在していたということだ。それは〈スユ＋ノモ〉に出会うことにより、私の中でから引き出された今に繋がる研究アクティヴィズムの系譜である。

あるいは人によっては、そこに一九五〇年代のサークル運動を想起する人もいるかもしれない。鶴見俊輔は前衛政党との対比においてこのサークル運動を論じたうえで、そこに関心に応じて次々と増殖する「つつみこみ学風」という研究のありようを見出している（鶴見俊輔「サークルと学問」『日常的思想の可能性』筑摩書房）。それは、関心を媒介する為に次から次へと導入される道具としての学問の形態であり、その様々な道具は、理論でも学問分野でもなく、問題関心においてつつみこまれている。あえていいかえれば、理論的に確保された未来に向けた綱領から導かれる戦術が、その場に居合わせた人々を党派闘争に巻き込むとしたら、その場に居合わせた者たちの問題関心にもとづくブリコラージュのような「つつみこみ学風」は、不確かなそして決して安易には一つにならない未来像を予兆として措定し続けることになる。道具としての研究は、この綱領なき戦術にかかわるのである。

　もちろんここでも、サークル運動にすばらしい理想像があるということをいおうとしているのではない。重要なのは、たとえば小倉虫太郎氏のように前衛組織としての運動ではない運動として、「もう一度サークル運動の『旗』を拾いなおすことがどのように可能であるのか」という問いを、今の学知を巡る状況と共に立ててみることだ（小倉虫太郎「大学の廃墟で」絓秀美・花咲政之輔『ネオリベ化する公共圏』明石書店）。運動の形態を考えることは、終ったとされる過去の出来事にもう一度別の意味を吹き込み、まだ終っていない運動として今に繋げていくことなのだ。

　現在世界各地で起きている反グローバリズムの運動には、様々な運動の系譜が流れ込み、化学反応をおこしている。労働運動や農民運動、マイノリティの運動、あるいは反原発闘争や環境保護運動、そしてデヴィッド・グレーバーが『ニューレフト・レビュー』（二〇〇二年一、二月号）で論じた「新しいアナーキストたち」もそこに登場している（翻訳、安藤丈将&栗原康『現代思想』三二―六、二〇〇四年）。グレーバーのいうこの「新しいアナーキスト」は、必ずしも自称するアナーキズムを指しているわけではない。それは、国家や党をめぐる綱領的な認識の問題ではなく、極めて具体的で戦術的な運動形態にかかわる問題系を意味している。いいかえれば、綱領的認識から演繹される戦術ではなく、たまたま居合わせてしまった者たちが、とりあえず今の現実を変えるべき状況として現前に浮き上がらせ、その状況の中で自分たちが何者かを確認し、自らの生きている場所を変えていくという運動形態である。それはシチュアシオニストやアウトノミアなどの流れを受け継ぎながらヨーロッパを中心に発生したプレカリアートたちの運動にみられる戦術にも重なるだろう（櫻田和也「プレカリアート共謀ノート」『インパクション』一五一号）。こうした運動形態は綱領的未来において確保されているのではなく、それ自身が様々な未来への予兆でもあるだろう。

そしてグレーバーにも共通している認識は、こうした運動形態においては、正しさを確保する「完璧な分析」作業とは異なる、自らの生きる日常を別の社会へと描き直していくような新しい理論的あるいは分析的活動の再創造、いいかえれば研究アクティヴィズムが求められているということだ。ここでも重要なことは、たとえばマンハッタンの運動を理想化し模倣することではない。そこには、特定の場所に運動の中心を見出すある種の前衛主義が存在する。

このインタビューを行なった二〇〇六年に、〈スユ＋ノモ〉は韓米ＦＴＡ（自由貿易協定）阻止闘争、平澤基地拡張反大運動、セマングム反干拓闘争、移住労働者支援闘争などに取り組みだした。また今政肇氏の文章にもあるように、各地の闘争を繋ぐように四〇〇キロの行程を歩く「大長征」という行動に出た。こうした政治課題に対して、彼ら、彼女らがどのような運動形態を作り上げるのかについては、現在進行形である。二〇〇六年の夏、この「大長征」の経験をめぐって〈スユ＋ノモ〉行われたワークショップで、高秉権氏は、非正規雇用の拡大、セマングンの干拓や平澤にみられるような土地の収奪、移住労働者の労働状態に言及し、治外法権の拡大という表現を使いながら、自分たちの生がたまたま生かされている生でありいつでも剥脱しうる状態になりつつあること、その剥脱が従来の法的手続きさえ無効にする問答無用の暴力として登場していること、そしてそうであるがゆえに社会の外へと放逐されるという恐怖が、社会全体に蔓延していることを指摘した。そしてその上で、放逐されるのではなく積極的に逃亡しようと呼びかけた。このやや理念的なアジテーションには、個人が抱え込んでいる不安や恐怖を、問答無用の暴力の承認ではなく別の方向へいかに社会化していくのかという問いがあるだろう。

この彼のアジテーションを聞きながら、平井玄氏が『ミッキーマウスのプロレタリア宣言』の中で、現在のフレキシブルで不安定な雇用状況を、「煮て食おうと焼いて食おうと勝手」と翻訳したことを思い出した。今求められている運動形態は、いつ放逐されるかわからない、いつ食われてしまうかわからない現実、「『階級社会』の底知れない谷間、ひんやりとした空気の流れる深い谷底の空間」から始まらなければならず、そしてその空間は、そこかしこに遍在しているのであり、またそのひんやりとした空気は、一人一人の体の中に流れている。だからこそ、放逐されるかもしれないという自らの不安や恐怖にかかわる情動を、別の方向へと織り直していく共同作業が、すなわち討議空間が重要なのだ。そしてそれが生み出す運動形態は、やはり前衛組織ではなく、個人の内面に隠しこまれている不安を別の言葉として感染させ、集団を生み出していくようなガタリのいう機械としての運動である（研究機械！）。たしかにマルクス主義は理論化された「狂気」なのであり、多焦点的に拡張していく共謀活動として、研究なる行為はいまこそ再設定されなければならないのではないだろうか。

（この文章は、本書所収の李珍景氏へのインタビューを最初に掲載した『インパクション』（一五三号、二〇〇六年）における「接続せよ！研究機械――研究アクティヴィスのために」をもとに、リライトしたものである。）

立ち止まって考えることと歩きながら問うこと

おわりにかえて

私の夢のひとつは、引退した非常勤教員の村を作ることだ。どこかに広い土地を借りてみんなで移り住み、自分たちが作った野菜や近隣の農家から分けてもらったものを新鮮なうちに食べて、のんびり生活する。村の真ん中には、みんなの蔵書を集めて収蔵する図書館があり、また、宿泊用の家には客を迎え入れて、村の住人たちが手料理と、それぞれの研究に関わる講義でもってもてなす。そんな暮らしがしたい。（田崎英明「時間政治――大学非常勤講師の柔軟ではない頭から」『現代思想』二〇〇五年一月号、青土社）

かつて非常勤講師として生活していた田崎英明は、佐々木倫子の漫画『ペパミント・スパイ』に登場する、引退したスパイの住む村に着想を得てこのような「夢」を語った。この文章の書き出しは「私たちは今、殺されようとしている……」という切迫した一文で始まり、大学の非常勤講師の苦境を切々と訴えている。

高学歴保持者の失業問題が社会的な話題となって久しい。インターネット上に「博士が一〇〇人いるむら」（http://www.geocities.jp/dondokodon41412002/）という作者不明の創作童話が公開されている。『世界がもし一〇〇人の村だったら』（マガジンハウス）のパロディであろうことは想像にかたくないが、大学の博士課程を出て博士号を取得した人が一〇〇人いる村のありさまは、同じような境遇にある人を悲観的にさせるのに十分だ。毎年生まれる博士一〇〇人のうち十六人が医者、十四人が大学の先生、二〇人がポスドク（期限付き不安定雇用）、八人が会社勤めで、十一人が公務員、一人が他分野に行く。そして十六人が無職、残りの八人は「ゆくえふめいかしぼう」である。

研究空間〈スユ＋ノモ〉には、確かに博士が一〇〇人くらい出入りしていそうな感じではあるが、イメージとしては田崎英明の語るようなこの村である。ただ、集う人々は引退した博士ではないし、田舎に広大な土地を持っているわけでもない。さらに、それが夢ではなく現存するという点で大きく異なりはするが。

もちろん、研究室はきれいなだけではない。学閥や地縁や年功序列などの位階秩序はないに等しいとはいえ、まったくないとは言えない気もする。多くの人間が集まれば人間関係の葛藤も生じるし、それは時に熾烈なかたちであらわれたりもする。研究室を離れる人もいるし、そもそも「合わない」人もいる。

しかし、忘れてはならないのは、これらの試みがたった一つの部屋から始まったという事実である。〈場〉をめぐって、あるいは居場所をめぐって最近さまざまに論じられているが、重要なのは単に〈場〉を作ることそのものではなく、その場をどのように活用するのか、何ゆえにその場が必要とされているのか、である。先行しなくてはならないのは、空間の確保ではなく、情熱あるいは――研究室的な語彙でいえば――欲望といってもいいだろう。部屋を一つ確保して、どうしましょうというのではしょうがない。空間だけあっても、活用されないならばそれは死んだ空間である。その意味で、実際には必ずしも空間がなければならない、というわけではないのかもしれない。

実際、私の周りにはそのような〈場〉がたくさんある。友人たちとの研究会、小さな読書グループ、半ばフリースペースと化しているシェア・ハウス。これらの〈場〉は、おそらく、雑多だけれどもある欲望（問題意識、といってもいいいような）をもつ人々の集まりが、討議を生み出していくような〈場〉である。必ずしも「研究」をしているのではないそういった集まりもまた「研究会」とするならば、それは冨山一郎がいうように、「自分たちが何者であるかを問い、自らの生きるべき場所はどこにあるかを模索し、それを言葉にし、生きるべき未来をその場において作り上げていく実践なのだ」（「接続せよ！研究機械——研究アクティヴィズムのために」『インパクション』一五三号）。だとすれば、それは大学の中であろうが、外であろうが、どこでも可能なものなのかもしれない。「研究会」は、あちこちに増殖し続けるのだ、きっと。

「歩きながら問う」。本書のタイトルだが、著者のうち三人が、それぞれ若干異なる文脈でこのフレーズを用いている。

スユの創設者である高美淑は、とりあえず実践してみることが大事だという意味でこの言葉を使い、高秉權は、高美淑さんの意図に加えて問いを生み出すことそのものの大切さを語り、今政肇はスユが実際に道を「歩く」という行為に出て、そのなかでの問い問われる経験について書いている。

通常、人に考えを促すときには「ちょっと立ち止まって考えてみよう」という場合が多いだろう。ちょっと突っ走り気味の人に対するこの用法で「立ち止まって考えること」は、「落ち着いてよく考えること」を意味する。

私にとってこの言葉が重い響きをもっているのは、第一に、常に何かに向けて「実践」、いや、実験を積み重ねてきた研究室の姿を横目に、何かやろうとしていろいろなことを言い訳に何もしていない自分の「立ち止まった」姿を振り返らざるをえないからである。第二に、研究室は「常に何かに向けて」実践／実験していると述べたが、それは私にとって何だったのか、ということ問われざるをえないからである。立ち止まって考えることと、歩きながら問うこと、「立ち止まる」と「歩く」、「考える」と「問う」ことは、こうして並べてみると単に静と動の相反するあり様にしか見えないかもしれない。しかし、やはり必要なのは立ち止まることではなく、歩くこと、歩きながら問うこと、なのだと思う。それは、私にとっては、思考を言葉にしていくことだと思っているし、「研究」を生きる道として選んだのも、それを自らに課したからこそだった。

本書が日本で出版されるにあたっていくつかの流れがあった。そもそも、研究室を訪ねてくる人へのプレゼントとして作られた『Welcome to the Machine』（以下、『マシーン』）の第二弾を作ろうという話が研究室内で持ち上がったのが二〇〇六年。研究室から何かを発信したいという欲望の流れに加えて、研究室とも縁深い桜井大造氏（テント劇団「野戦の月」）が、台湾で『マシーン』を出したいと強力にプッシュしたことに端を発している。そうして同年三月、『マシーン』第二弾の企画が本格化し、研究室にかかわる人々から原稿を集め、中堅の会員たちの対談を行ったものの、韓米FTA反対闘争にまぎれるかたちで霧散してしまったという文脈が一つ。一方、日本では二〇〇五年秋に『インパクション』（一四九号）で「もうひとつの〈韓流〉」特集が組まれ、その中の記事の一つとして私が研究室の紹介記事を書かせていただいた。二〇〇六年には『インパクション』で「接続せよ！研究機械」が特集として組まれたが、その仕掛け人が、研究室に感応した冨山一郎氏である。

この間、研究室は韓米ＦＴＡ反対闘争、障害者の移動権闘争、移住労働者たちの運動に接続しながら、研究活動にいそしんできた。二〇〇八年七月現在、韓国の大都市では連日のようにキャンドルの光が灯り、何万の民衆が路上に繰り出している。研究室も「ろうそくの灯と最後まで共にする」との宣言を出し再び道の上にいる。二〇〇八年二月に政権が交代し大統領に就任した李《い》明博《みょんばく》は、実用主義を掲げて新自由主義万歳の政策改革に乗り出した。今回のキャンドルデモは、直接的には牛肉輸入問題をそのきっかけとしているが、「李明博ＯＵＴ」を掲げる反政府闘争の様を呈しながら二か月も継続されている。韓米ＦＴＡ交渉は二〇〇七年四月に妥結され（批准は残されている）、李珍景＋高秉権の勝利宣言はかなわなかったように思われたが、この二か月の「大衆」の動きはまさに政府官僚たちのお気楽な「夢」の虚構性をあらわにしてあまりあるものだし、その点であの「勝利宣言」は予言的だ。大衆は自らの生存の危機に目覚め、もはや政策決定者はかれら・かのじょらの動きをつかむことはできない。それはさながら快楽物質を分泌させるウィルスでも散布されているかのようで、デモは祝祭と化している。

　大学にもウィルスが蔓延している。ただ、こちらのウィルスは少々質が違う。大学にかかわるさまざまな立場の人々を描いた『大学はバイ菌の住処か？』（玄善允、同時代社）という非常に面白い本があるのだが、それによれば大学にはジョウキン（常勤）と、バイ菌扱いされるヒジョウキン（非常勤）という二種類の菌が生息している。今後ますます増殖していくのは、ヒジョウキンであろう。もちろん私は不安定雇用を称揚しているわけではない。しかし「いかに客体化されようと自らを主体として打ち立てようとする努力」（同）を忘れなければ、その不安定さはいずれ、誰もがつかむことのできない流れを生み出す（かもしれない）。あちこちに「研究会」が増殖していく。本書がその種にでもなってくれれば、と思う。

本書の出版にあたって、多くの人にお世話になりました。原稿を寄せてくださった研究空間〈スユ＋ノモ〉の高美淑先生、李珍景先生、高秉權先生、そして今政肇さん、行くたびに快く受け入れてくれる研究室のみなさんに感謝します。訳文の転載を許可してくださった青土社の池上善彦さん、〈スユ＋ノモ〉に感応し本にしてみたらどうかと提案をくださった冨山一郎さんにも感謝します。最後に、採算をほとんど度外視したこの企画を引き受けてくださったインパクト出版会の深田卓さんには、遅々として進まない私の作業に辛抱強くお付き合いいただき、申し訳ない気持ちでいっぱいであるとともに本当に感謝しています。なお、既出論文のいくつかは藤井たけしさんが翻訳したものですが、最終のチェックはすべて私がおこないました。訳語の不統一もみられますが、それぞれ筆者が違っていたり訳者が違っているためにそのままにした箇所も多く、修正は最小限にとどめました。本書が何らかの「接続」を生み出す触媒になれば、と願ってやみません。

二〇〇八年七月　京都にて　金友子

日本語での初出一覧

「帝国の時代か、帝国の黄昏か?――韓米FTAをめぐる状勢について」『現代思想』二〇〇六年九月号

「歩きながら問う――研究空間〈スユ＋ノモ〉とサルム（生活・生命）」『インパクション』二〇〇六年八月、一五三号

「周辺化対マイナー化：国家の追放と大衆の逃走――二〇〇六年、研究空間〈スユ＋ノモ〉の行進を通して出会った大衆」『現代思想』二〇〇七年六月号

「マルクス主義とコミューン主義――コミューン主義者はいかに思考するのか?」『インパクション』二〇〇六年八月、一五三号

「前衛組織ではなく――八〇年代の運動経験」『インパクション』二〇〇六年八月、一五三号

翻訳分担

「ノマディスムと知識人共同体のヴィジョン」「周辺化対マイナー化：国家の追放と大衆の逃走」は藤井たけし訳、それ以外のすべては金友子訳。

座談会通訳は金友子、板垣竜太。

高秉權（こ・びょんぐぉん）
ソウル大学社会学科で「西ヨーロッパにおける近代貨幣構成体の形成」で博士学位をとった。主な著書に『ニーチェ——千の目、千の道』『ニーチェの危険な本、ツアラトゥストラはかく語りき』『貨幣、魔法の四重奏』『高酋長、本で世界を語る』、訳書に『デモクリトスとエピクロスの自然哲学の差異』がある。コミューン主義、革命などを概念的に思考することに持続的な関心を持っており、最近の韓国社会の政治的現実を再考しようと努力している。

高美淑（こ・みすく）
1960年生まれ。高麗大学韓国文学科で古典文学の博士学位を取得した。
著書に『批評機械』、『韓国の近代性、その起源を探して』、『熱河日記、笑いと逆説の愉快な時空間』、『蝶と戦士』、『誰も企画しない自由』などがある。研究空間〈スユ＋ノモ〉の創設者で古典評論家。

李珍景（い・じんぎょん）
ソウル大学社会学科で「西欧の近代的住居空間に関する空間社会学的研究」で博士学位をとった。現在、ソウル産業大学校教養学部で教えており、研究空間〈スユ＋ノモ〉で資本主義の外部に向かう生と思考を探究している。『社会構成体論と社会科学方法論』『哲学と煙突掃除夫』『マルクス主義と近代性』『数学の夢想』『フィロシネマ、あるいは映画の友人たち』『哲学の外部』『ノマディズム』『資本を超える資本』『未−来のマルクス主義』などがある。

今政　肇（いままさはじめ）
2004年冬からスユ＋ノモの植民地時代の雑誌を読むセミナーに参加。2006年３月から会員。現在は植民地朝鮮の記憶に関する博士論文を執筆中。社会文化人類学専攻。

藤井たけし（ふじいたけし）
1972年生まれ。プロレタリアート。訳書　酒井直樹『翻訳と主体』（Naoki Sakai, Translation and Subjectivityの韓国語訳）

冨山一郎（とみやまいちろう）
大阪大学教員。著書『近代日本社会と「沖縄人」』日本経済評論社、1990年、『暴力の予感』岩波書店、2002年、『増補　戦場の記憶』日本経済評論社、2006年など。『インパクション』編集委員。

崎山政毅（さきやままさき）
立命館大学教員。著書『サバルタンと歴史』青土社、2001年、『思考のフロンティア　資本』岩波書店、2004年、共編著に『異郷の死』人文書院、2007年など。『インパクション』編集委員。

金友子（きむうぢゃ）
2004年春ごろから〈スユ＋ノモ〉で「近代日本とジェンダー」の研究会に参加、2006年３月から会員。会員になるや否や日本に戻ることになり、大学非常勤講師（朝鮮語、韓国現代文化論など）として働き現在にいたる。論文に「「同胞」という磁場」（『現代思想』2007年６月号）、「私のために誰が泣いてくれるのか？――「南」に向かった「韓人」たち』（『インパクション』2007年９月）があり、共著として『異郷の身体』（人文書院、2006年）がある。研究テーマは20世紀の歴史の中で朝鮮半島を離れた離散民の〈生〉と民族国家の形成。

歩きながら問う
研究空間〈スユ＋ノモ〉の実践

2008年 7月25日　第１刷発行

編著者　金　　友　子
発行人　深　田　　卓
装幀者　藤　原　邦　久
発　行　㈱インパクト出版会
東京都文京区本郷2-5-11 服部ビル
Tel03-3818-7576 Fax03-3818-8676
E-mail：impact@jca.apc.org
郵便振替　00110-9-83148

シナノ印刷